Jörg Berger
STACHLIGER GLAUBE

Jörg Berger

Stachliger Glaube

Wie wir Gott auf Abstand halten,
ohne es zu merken

francke

Über den Autor:

Jörg Berger ist als Psychotherapeut und Paartherapeut in eigener Praxis in Heidelberg tätig. Seit 20 Jahren begleitet er Glaubende auf ihrem Lebensweg. Er hat zahlreiche Sachbücher und Zeitschriftenartikel veröffentlicht; als Redner ist er mit Themen rund um schöne und schwierige Beziehungen unterwegs.

Bibliografische Information der Deutschen Nationalbibliothek
Die Deutsche Nationalbibliothek verzeichnet diese Publikation
in der Deutschen Nationalbibliografie;
detaillierte bibliografische Daten sind im Internet
über http://dnb.ddb.de abrufbar.

ISBN 978-3-86827-686-2
© 2017 by Verlag der Francke-Buchhandlung GmbH
35037 Marburg an der Lahn
Illustrationen im Innenteil: Thees Carstens
Umschlagbild: © iStockphoto.com / rolbos
Umschlaggestaltung: Verlag der Francke-Buchhandlung GmbH /
Sven Gerhardt
Satz: Verlag der Francke-Buchhandlung GmbH
Printed in Czech Republic

www.francke-buch.de

Inhalt

Einleitung

Als Psychotherapeut, der über den Glauben schreibt, trete ich in ein Spannungsfeld, in dem der christliche Glaube schon immer steht: Der Mensch kann nicht von sich aus zu Gott finden, so lautet eine Überzeugung des christlichen Glaubens. Glaube wird geschenkt, wo Gott in die Menschheitsgeschichte und in das Leben von Menschen tritt. Alles andere wäre ein vergeblicher Versuch, sich durch gute Taten oder fromme Übungen selbst zu Gott zu bringen. Aber soll ein Glaubender dann die Hände in den Schoß legen und warten, bis Gott in sein Leben tritt? Nein, denn Gott hat sich ja bereits in die Menschheitsgeschichte verwickelt und das ruft Glaubende zu einer Antwort auf.

> Ängste und Wunschbilder trüben unsere Wahrnehmung von Gott.

Allerdings hat unsere Antwort auf Gott viel mit unserer Persönlichkeit und unserer Lebensgeschichte zu tun. Ängste und Wunschbilder trüben unsere Wahrnehmung von Gott. Unsere menschlichen Reaktionen erschweren das Leben, in das uns der Glaube ruft. Von diesen Reaktionen handelt das Buch „Stachliger Glaube". Darin geht es um unsere Stacheln, die wir gegenüber Gott und anderen Menschen aufrichten. Wo wir Schutzmechanismen überwinden, da findet unsere Leidenschaft Einklang mit unserem Glauben. Wir finden zu einem geerdeten, gefühlvollen und belastbaren Glaubensleben.

„Stachliger Glaube" ist ein Teil der Stachel-Reihe: In „Stachlige Persönlichkeiten" geht es darum, wie man schwierige Menschen entwaffnet, in „Meine Stacheln" finden Sie Wege, auf denen Sie eigene

Schwächen erkennen und entschärfen können. Schließlich leitet Sie „Stacheln in der Partnerschaft" dazu an, Ihre Liebe vor Verletzungen zu schützen. Jedes dieser Bücher ist für sich alleine verständlich und es spielt keine Rolle, ob Sie nur ein Buch aus der Reihe lesen oder mehrere.

Die bisher erschienenen Titel der Stachelreihe kann auch lesen, wer zwar an spirituellen Themen interessiert ist, aber mit dem christlichen Glauben nicht viel anfangen kann. „Stachliger Glaube" dagegen wird Ihnen nur Freude machen, wenn Sie ein wenig Interesse am christlichen Glauben haben. Denn die Gottesbeziehung und die Wege, auf denen Menschen in ihrem Glauben gehen, lassen sich nicht von der Glaubenstradition lösen, die sie bestimmt.

> Ein Glaube ohne übernatürliche Erfahrung wäre kaum mehr als eine Selbstberuhigung, vergleichbar mit dem Kuscheltier eines Kindes.

Wenn Sie selbst nicht glauben, ist es vielleicht reizvoll, den christlichen Glauben einmal von einer ganz anderen Seite kennenzulernen: nicht durch seine Gebäude, seine Bekenntnisschriften, seine traditionellen Veranstaltungen oder die Äußerungen bekannter Würdenträger, sondern so, wie er sich im Denken, Fühlen und Handeln von Glaubenden zeigt.

Dieses Buch unterscheidet sich von psychologischen Ratgebern. Denn der Glaube führt uns in den Bereich des Übernatürlichen. Bereits ein einfaches Gebet um Gottes Beistand rechnet mit etwas, das die physikalischen, biologischen und psychologischen Gesetzmäßigkeiten überschreitet. Ein Glaube ohne übernatürliche Erfahrung wäre kaum mehr als eine Selbstberuhigung, vergleichbar mit dem Kuscheltier eines Kindes: Das Plüschtier kann nichts tun, trotzdem beruhigt und tröstet es. Doch als Erwachsene wollen wir so nicht glauben. Wir wollen in eine spirituelle Wirklichkeit eintreten, die einen realen Einfluss auf unser Leben hat.

Gerade Suchenden schenkt Gott solche Erfahrungen manchmal ganz unverhofft, viele solcher Erfahrungen habe ich in diesem Buch festgehalten. Doch für den, der sich dauerhaft für eine übernatürliche Wirklichkeit öffnen will, hat die christliche Überlieferung einige Voraussetzungen formuliert. Auf ihnen beruhen einige Empfehlungen der folgenden Kapitel. Diese Voraussetzungen stelle ich hier in einer

Weise voran, wie sie bei unterschiedlichen christlichen Konfessionen und Bewegungen Zustimmung finden dürfte:

Damit unser Glaube nicht im Nebel steht, brauchen wir ein Kriterium dafür, was wahr und richtig ist. Im christlichen Glauben ist dieses Kriterium das Leben und die Botschaft Jesu, wie sie in der Bibel überliefert werden.

Der Glaube gleicht einer Liebesbeziehung: Entweder gibt man sich mit seiner ganzen Person in die Beziehung oder man wird zerrissen: Wer liebt und zugleich sein altes Singleleben weiterführen möchte, wird nicht recht glücklich. Er fühlt sich von den Verpflichtungen, die seine Beziehung mit sich bringt, bald eingeengt. Wie in der Liebe gibt es im Glauben eine Probephase, in der Menschen die Tragfähigkeit ihres Glaubens prüfen. Doch wer Gott erfahren will, muss irgendwann zur Hingabe seiner ganzen Person finden. Im christlichen Glauben bedeutet das vor allem die Entscheidung, allem zu folgen, was Gott Ihnen als gut und richtig offenbart, selbst wenn das Ihrem Leben ungeplante Wendungen gibt. Es bedeutet auch die Verpflichtung, im Zweifelsfall der Liebe zu Gott und zum Nächsten Vorrang zu geben.

Glaube setzt außerdem eine spirituelle Freiheit voraus, die sich vom Bösen losgesagt hat. Wo Sie sich in Ihrem Leben schuldig gemacht haben, öffnet Sie ein Schuldbekenntnis nicht nur für Gottes Vergebung, sondern befreit Sie auch von den negativen spirituellen Auswirkungen, die unbereinigte Schuld hat. Glaubende wenden sich auch von allem ab, das sie unter schädliche geistliche Einflüsse bringt: von Lügen und Betrug, der materiellen oder sexuellen Ausbeutung anderer, dem Gebrauch von Suchtmitteln und manchem mehr. Sie wenden sich auch von Versuchen ab, eigenmächtig ins Übernatürliche vorzudringen, zum Beispiel durch esoterische Praktiken oder Wahrsagerei. In alledem geht es nicht nur um Moral, sondern um eine Freiheit von Einflüssen, die schädliche

> Erst in Gemeinschaft finden Glaubende in die volle Wirklichkeit des Glaubens.

spirituelle Auswirkungen haben und Glaubende für die Wirklichkeit Gottes verschließen.

Schließlich mag ein Glaubensanfang alleine gelingen, aber ein Leben, das aus der Wirklichkeit Gottes schöpft, das gelingt nicht allein. Schon das „Vaterunser" hat Jesus in der Mehrzahl gesprochen. Er hat seine Schüler in eine Gemeinschaft gestellt und sie nie allein losgeschickt, wenn er sie mit etwas beauftragt hat. So unvollkommen Kirchengemeinden in ihren Strukturen sind, so unvollkommen die Menschen, die ihnen angehören, erst in Gemeinschaft finden Glaubende in die volle Wirklichkeit des Glaubens. Doch auch das werden Sie bei der Lektüre dieses Buches entdecken: Es gibt eine große Vielfalt an Möglichkeiten, gemeinsam mit anderen im Glauben unterwegs zu sein. Diese werden der Vielfalt menschlicher Persönlichkeiten und den vielfältigen Wege gerecht, die Gott Glaubende führt.

Die folgenden Kapitel machen Sie jeweils mit einem Stachel bekannt, mit dem Glaubende Gott manchmal auf Abstand halten:

Der Stachel **Abwerten** sieht streng und überkritisch auf das Leben. Er lässt Gottes Wirken nur gelten, wenn es den eigenen, strengen Maßstäben genügt.

Der Stachel **Selbstdarstellung** macht sich und anderen manchmal etwas vor. Der Glaube erscheint dann stärker und makelloser, als er eigentlich ist.

Der Stachel **Grenzen überschreiten** treibt andere an, sich etwas zu nehmen, was Gott noch nicht gibt. Er kommt Gott zuvor und verpasst dadurch sein Wirken. Manchmal übt er Druck auf das Gewissen anderer Glaubender aus.

Der Stachel **Vermeiden** vertraut Gott – ein wenig. Er zögert und zweifelt. Derweil baut er andere Sicherheiten auf, die tragen könnten, falls Gott einmal im Stich lassen oder überfordern sollte.

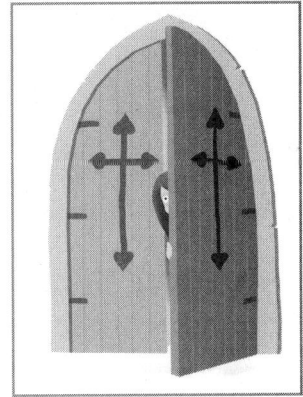

Der Stachel **Zu-stark-Sein** sieht im Glauben einen Kampf, den es zu gewinnen gilt. Wenn er Widerstand erfährt, macht er sich hart, statt sich von Gott schützen oder von anderen Glaubenden tragen zu lassen.

Der Stachel **Selbstüberforderung** treibt Glaubende zu einem Einsatz, der sie erschöpft. Er will Gottes Erwartungen erfüllen. Doch gerade sein Beschäftigtsein und die Erschöpfung behindern die Begegnung mit Gott.

Der Stachel **Bestrafen** duldet keine Ungerechtigkeit. Er freut sich, wenn Gott die Fehler anderer zu bestrafen scheint, besonders, wenn Autoritäten etwas falsch gemacht haben. Wo Gott zu Ungerechtigkeit schweigt, nimmt der Stachel Bestrafen die Vergeltung manchmal selbst in die Hand.

Bereits in diesem Überblick sehen Sie, dass hinter den Stacheln ein Lebensthema steht, das manche aufgrund ihrer Lebensgeschichte besonders betrifft. Doch nicht nur Ihre Persönlichkeit, auch Ihre Lebenssituation bestimmt, welchen Stachel Sie aufstellen. Vielleicht neigen Sie überhaupt nicht zu Groll oder Rachegedanken. Doch wenn die Ungerechtigkeit in Ihrem Leben ein bestimmtes Maß überschreitet, werden Sie vermutlich auch Groll empfinden und an Rache denken. Daher wird manchmal Ihr *Charakter* und manchmal Ihre *Lebenssituation* bestimmen, in welchem Kapitel Sie sich wiederfinden. Sie können sich dabei an den Leitfragen orientieren, die am Anfang jeden Kapitels stehen.

Wenn Sie Menschen führen, in der geistlichen Begleitung oder in einem sozialen Beruf tätig sind, sind sicher alle Kapitel für Sie interessant.

In diesem Buch zitiere ich viele Passagen aus der Bibel. Dabei habe ich auf verschiedene Übersetzungen zurückgegriffen. Übersetzer müssen sich entscheiden, welche Aspekte eines Textes sie hervorheben, denn keine Übersetzung kann alle Bedeutungsnuancen wiedergeben. Ich habe immer diejenige Übersetzung gewählt, die das jeweilige Lebensthema des Kapitels hervorhebt. Im Anhang finden Sie ein Abkürzungsverzeichnis der biblischen Bücher und Bibelübersetzungen.

Nun bleibt mir noch ein herzliches Dankeschön an alle, die dieses Buch möglich gemacht haben: an Frau Anne-Ruth Meiß, Verlagsleiterin und Lektorin, für die unkomplizierte, ermutigende und wertschätzende Zusammenarbeit, an Christian Heinritz (Marketing) und Sven Gerhardt (Presse/Marketing), dass sie den „Stachligen Glauben" auf dem bunten Buchmarkt sichtbar gemacht haben, an meine Familie, die mich ermutigt und kreative Abwesenheiten liebevoll mitträgt, und nicht zuletzt an die Menschen, die ich auf ihren Glaubenswegen begleiten durfte, die mir Vertrauen geschenkt und tiefe Einblicke eröffnet haben.

Nun wünsche ich Ihnen eine spannende Lektüre und gute Erfahrungen auf Ihrem Weg mit Gott.

Ihr
Jörg Berger

Wenn Glaubende abwerten

- Verschließen Sie Ihr Herz, wenn andere Sie enttäuschen?
- Urteilen Sie manchmal härter, als Gott es vermutlich tut?
- Übersehen Sie es, wenn Gott unscheinbar in Ihr Leben tritt? Oder wenn Gott im Leben unvollkommener Menschen gegenwärtig ist?

Dann könnte das Abwerten der Stachel Ihres Glaubens sein. Der christliche Glaube schätzt das Kleine: Gott wählt ein unbedeutendes Volk aus und beginnt mit diesem eine Geschichte. „Denn du bist das kleinste unter allen Völkern", betont Mose (5. Mo 7,7; L17), als er dem Volk erklärt, was Gott mit ihm vorhat.

Gott neigt sich zum Kleinen. Das setzt sich mit Jesus fort: Er kommt in einem Viehstall zur Welt. Er wächst in einer einfachen Familie auf und arbeitet als Handwerker. Als er in die Öffentlichkeit tritt, überrascht er mit der Ankündigung, dass die Letzten die Ersten sein werden (Mt 19,30). Er lobt die kleine Spende einer Witwe (Mk 12,41-44), er lädt zu einem Glauben ein, der winzig ist wie ein Senfkorn (Mt 17,20).

> Der christliche Glaube schätzt das Kleine.

Daher gerät in einen Gegensatz zum Glauben, wer über andere urteilt, als seien sie nicht gut genug. Auch wo wir die Gegenwart Gottes nicht gelten lassen, nur weil sie sich klein und unscheinbar zeigt, da setzen wir sie herab. Stattdessen machen wir unsere Ideale zu unserem Gott, verehren sie und bringen ihnen unsere Liebe entgegen. Dabei verlieren wir aus dem Auge, was im Zentrum von Gottes Aufmerksamkeit liegt: der irrende, stolpernde und mit Schuld beladene Mensch. An diesen Merkmalen erkennen Sie den Stachel Abwerten. Die folgenden Geschichten zeigen Ihnen, wie sich ein überkritischer Glaube auswirkt.

Sich über Gott und andere stellen

Unvollkommenes missachten. Musste Magnus 50 Jahre alt werden, um die Spuren richtig zu deuten, die Gott in seinem Leben hinterlassen hat? Wie überheblich war er in jüngeren Jahren gewesen. Damals war ihm sein Pastor gefühlsduselig vorgekommen. „Gott liebt deinen Nächsten", war dessen Botschaft. „Liebe du ihn auch. Lass deine Vorurteile hinter dir und mach dich zum andern auf. Dann ist Gott mit dir."

Wäre der Pastor anders aufgetreten, hätte Magnus vielleicht auf seine Botschaft gehört. Der kleine Mann mit krausem Haar und dicker Brille trat unsicher und manchmal tollpatschig auf. Es fiel Magnus schwer, diesen Pastor für voll zu nehmen. Doch heute denkt Magnus: „Seine Botschaft war genau die Botschaft, die ich damals gebraucht habe. Ich habe mich niemandem richtig geöffnet, selbst den Menschen nicht, die mir wichtig waren. Ich war so selbstgerecht und habe mich auf meinem beruflichen Erfolg ausgeruht. An meiner Seite ist meine Frau wohl emotional verhungert. Das habe ich mit der schweren Ehekrise gebüßt. In dieser Zeit habe ich keinen einzigen Freund gewonnen. Gott war das sicher nicht gleichgültig. Ich mag gar nicht darüber nachdenken, wie viele Menschen ich vor den Kopf gestoßen habe. Gott hat Sonntag für Sonntag an mein Herz geklopft. Aber ich habe ihn nicht gehört, nur weil der Pastor meinen Vorstellungen nicht entsprochen hat."

═══════════

Richten. Petra hat sich in ihre Gebetsecke gesetzt und versucht, innerlich ruhig zu werden. Sie spürt, dass sie etwas bereinigen muss, das wie ein Hindernis zwischen ihr und Gott steht. Sie hat Dennis vorhin sicher entmutigt. Als Mutter muss sie sich die frechen Antworten ihres Teenagers nicht bieten lassen. Aber sie hat ihn gerade verurteilt. Sie hat seinen Charakter und seine ganze Lebenseinstellung kritisiert. Dennis hatte Tränen in den Augen. Er wollte aber nicht zeigen, wie verletzt er war. Stattdessen hat er sich umgedreht und wütend die Tür zugeschlagen.

„Tut mir leid, Herr", beginnt Petra zu beten und es ist, als ob ein wärmender Lichtstrahl ihre Brust trifft. Wo vorhin nur Zorn auf Dennis war, steht er vor ihrem inneren Auge mit seinem blonden Haar, seinen Sommersprossen und seiner schlaksigen Gestalt. Petra spürt nur noch Liebe. „Lass mich eine Mutter nach deinem Herzen sein. Mit liebevoller Autorität", betet Petra weinend weiter.

———

Herzenshärte. „Sag mal, hast du ein Problem mit Christel?", fragt Jan. Benjamin ist außer ihm der einzige Christ in der Abteilung, soweit Jan weiß.

„Nein", antwortet Benjamin, „ich gehe ihr nur aus dem Weg."

„Darf ich dir mal etwas dazu sagen?", fragt Jan weiter.

Benjamin zieht die Augenbrauen hoch und sieht Jan überrascht an.

„Naja. Es fällt einfach auf, wie distanziert du gegenüber Christel bist. Sie fragt sich, was sie falsch gemacht hat, und ist, glaube ich, auch etwas sauer auf dich. Außerdem nimmt es dir doch etwas an Glaubwürdigkeit, ich sage vielleicht besser: Ausstrahlung als Christ, wenn du ... Wie soll ich sagen? So hart rüberkommst."

Benjamin wirkt betroffen.

„Klar", versucht Jan zu entlasten. „Christel ist ja wirklich nicht einfach ..."

„Das ist ziemlich untertrieben", platzt Benjamin heraus. „Sie ist ein Quälgeist. Ich habe mich noch keine fünf Minuten wohlgefühlt mit ihr. Heute sitzt sie dir fast auf dem Schoß und morgen geht sie dich feindselig an. Sie ist so fordernd in allem, was sie von einem will. Sie zieht Besprechungen ins Unendliche mit ihrem ,Da stimmt etwas für mich noch nicht'. Ich frage mich, wie die anderen das ertragen."

„Wahrscheinlich sind andere etwas toleranter als du. Christel ist ja manchmal auch wirklich nett und tüchtig."

Benjamin geht beschämt aus dem Gespräch. Jan hat wohl recht. Bei manchen Menschen braucht es nur fünf Minuten und sie sind bei ihm unten durch. Benjamins Bauchgefühl trügt zwar selten: die Leute, die er innerlich abhakt, sind wirklich Nervensägen. Vielleicht, denkt sich Benjamin, wäre es trotzdem besser, das nicht so zu zeigen und irgendwie zu einer liebevollen Haltung zu finden.

Die Geschichten von Magnus, Petra und Benjamin zeigen den Stachel Abwerten in Aktion. Wie jeder Schutzmechanismus hat auch dieser Stachel seine Geschichte. Mit ihm schützen sich Kinder, wenn sie dem Unvermögen ihrer Eltern oder anderer Bezugspersonen ausgesetzt sind. Manchmal fehlt es Eltern tatsächlich an Lebenstüchtigkeit oder Beziehungsfähigkeit. Das spüren schon kleine Kinder. Sie kritisieren und korrigieren ihre Eltern dann und drücken auf drastische Weise aus, was ihnen fehlt, damit die Eltern auf ihre Irrtümer und Mängel aufmerksam werden. Unzureichende Eltern lassen sich tatsächlich von ihren Kindern erziehen, ein verhängnisvoller Rollentausch.

Häufiger sind Eltern jedoch nicht unfähig, sondern ihnen fehlt nur das Einfühlungsvermögen, um richtig auf die Bedürfnisse ihrer Kinder einzugehen. Im Ergebnis führt das zu ganz ähnlichen Erfahrungen für ihr Kind: Was die Eltern tun, beantwortet die Bedürfnisse und die Nöte des Kindes nicht angemessen. Ein Kind lernt auch dann, einen kritischen Abstand einzunehmen. Es versucht, seine Eltern zu bessern. In manchen Familiensituationen ist dies das Beste, was ein Kind für sich tun kann.

> Kritisch Glaubende sehnen sich nach Vollkommenheit. Inwieweit sie dieser begegnen, bestimmt die Höhen und Tiefen ihres Glaubensweges.

Wenn Menschen mit dieser Prägung zu glauben beginnen, stellen sie sich Gott nicht unfähig vor. Im Gegenteil, sie freuen sich an der Vollkommenheit Gottes, wie sie sich zum Beispiel in der Natur zeigt. Doch unbewusst übertragen sie die Gefühle ihrer Kindheit auch auf Gott: „Geht Gott wirklich auf das ein, was ich brauche? In dem, was Gott von mir will, und in den Wegen, die er mich führt: Wird er meiner Persönlichkeit und meinen Sehnsüchten wirklich gerecht? Und wenn Gott mich in eine Glaubensgemeinschaft stellt, liefert er mich damit nicht dem Unvermögen anderer Menschen aus?"

Wo kritisch Glaubende auf ihrem Weg mit Gott enttäuscht werden, da gehen sie innerlich auf Abstand. Es gibt Momente, da würden Glaubende am liebsten mit Gott ins Gericht gehen. Weil ihnen das unpassend vorkommt, richten sie die Abwertung manchmal gegen sich selbst: „Wenn ich meinen Glauben nur konsequenter leben würde/mich Gott mehr öffnen würde/mehr Opfer bringen würde ... – dann könnte Gott auch besser für mich sorgen und sich mir so zuwenden, wie es mir entspricht." Die gegen sich selbst gewendete Abwertung schließt manchmal die Kirchengemeinde ein, was dann so klingt: „Wenn wir mehr beten/uns mehr an der Bibel orientieren/den Willen Gottes konsequenter verwirklichen würden ... – dann würden wir Gott ganz anders in unserem Leben erfahren." Doch wenn Glaubende so negativ über sich und ihre Kirche urteilen, dann übersehen sie die Versorgung, Heilung und Beauftragung, die Gott in ihrem Leben und ihrer Gemeinde längst schenkt und die sie im Glauben weiterführen würden.

Kritisch Glaubende sehnen sich nach Vollkommenheit. Inwieweit sie dieser begegnen, bestimmt die Höhen und Tiefen ihres Glaubensweges.

Auf der Suche nach Vollkommenheit

Früher fühlte Axel sich inspiriert, wenn er Zeit mit Frederic verbrachte. Es ging viel Gutes von ihrer Freundschaft aus. Sie ermutigten sich gegenseitig und brachten sich auf ihrem Weg mit Gott voran. Heute ist Axel ausgelaugt, wenn er sich mit Frederic getroffen hat. Er hat das Gefühl, dass Frederic nichts mehr von dem schätzt, woran beide lange Zeit geglaubt haben.

Frederics Liebesbeziehung ist zerbrochen. Damit hat er auch seine Gemeinde verloren, weil er Abstand von seiner ehemaligen Freundin gesucht hat. Frederic muss sehr enttäuscht vom Leben sein und vermutlich auch von Gott. Doch das überspielt er mit einem überlegenen Auftreten.

„Ich kämpfe ja oft, um etwas Zeit zum Gebet zu finden", wagt sich Axel vor. „Aber gerade finde ich meine Stille Zeit echt spannend. Ich habe das Gefühl, Gott ermutigt mich, meine Liebe manchmal auch dadurch auszudrücken, dass ich andere herausfordere und mich mal querstelle, wenn etwas nicht gut läuft."

„Du unterscheidest noch zwischen deinem Glauben und deinem übrigen Leben, oder?", fragt Frederic.

„Wie?"

„Hier deine Stille Zeit, da dein Alltag. Auf der einen Seite dein Gebet, auf der anderen Seite ... Ja, was eigentlich? Sollte nicht unser ganzes Dasein Gebet sein?"

Nach solchen Gesprächen fühlt sich Axel, als sei er auf einer niedrigeren Entwicklungsstufe zurückgeblieben. Axel sehnt sich nach den guten Zeiten ihrer Freundschaft zurück. Es war ein Stück Himmel auf Erden. Auch Frederic stand in der Mitte ihres Aufbruchs im Glauben, den sie in ihrem Jugendkreis erlebten. Sie erlebten Wunder mit Gott: Einer wurde von einer langjährigen Allergie geheilt, ein anderer fand einen Umschlag im Briefkasten, der exakt die Summe Geld enthielt, die ihm für eine Reise fehlte und deren Höhe niemand kennen konnte. Damals sagte Frederic: „Wer so etwas mit Gott erlebt, der ist auch bereit, für ihn zu leiden, wenn es darauf ankommt." Aber er hat wohl ein anderes Leid gemeint als das, das ihm heute begegnet ist. Ob Axel ihn einmal an diese Zeit erinnern sollte? Aber vielleicht ist Frederic noch zu enttäuscht, als dass er sich für die Erfahrungen von damals öffnen könnte.

Die Sehnsucht nach Vollkommenheit motiviert Glaubende. In guten Phasen geben sie alles, um ein ideales Gemeindeleben zu schaffen, inspirierende Beziehungen zu leben und gemeinsam mit anderen Gutes zu tun. Doch diese Sehnsucht macht auch verwundbar. Dann nämlich, wenn Menschen enttäuschen und das Leben alles andere als vollkommen ist. Jesus hat hier seinen Beistand versprochen. Er hat aber nie in Aussicht gestellt, dass uns leidvolle und enttäuschende Erfahrungen erspart bleiben. Hier neu zu vertrauen, ist eine geistliche Herausforderung, die sich besonders Glaubenden stellt, die sich mit dem Stachel Abwerten schützen.

> Die Sehnsucht nach Vollkommenheit motiviert Glaubende.

Die Sehnsucht nach Vollkommenheit bringt manche auch dazu, ihre

Gemeinde und andere Glaubende an Idealvorstellungen zu messen. Das kann verhängnisvolle Folgen haben.

Die Söhne von Ingo und Verena haben sich vom Glauben abgewandt. Sie haben als Teenager zwar keine Argumente gegen den Glauben entdeckt und sie sind auch nicht von Glaubenszweifeln geplagt. Aber sie finden einfach alles doof, was mit Glaube und Kirche zu tun hatte. Den Jugendkreis ihrer Gemeinde haben sie verlassen und nehmen nicht mehr an christlichen Freizeiten teil. Sie haben sich sogar von Freunden aus der Gemeinde gelöst, mit denen sie über Jahre verbunden waren. Stattdessen ziehen sie mit einer Clique herum, die sich um einige Teenager aus reichen Elternhäusern gebildet hat. Die Ersparnisse der Jungs schrumpfen, ihre Welt scheint sich nur noch um Markenkleidung, Cocktailbars und amerikanische Serien zu drehen. Sogar ihre Berufswünsche haben sich auf Studienfächer verschoben, die vor allem ein hohes Einkommen verheißen. Ingo wollte es eigentlich für sich behalten, aber als ihn die Gottesferne der Kinder besonders plagte, platzt es aus ihm heraus: „Müssen wir uns eigentlich wundern, Verena? Wir haben jahrelang schlecht über unsere Gemeinde gesprochen: über unseren Pastor, über den Gottesdienst, über die Naivität oder Gesetzlichkeit, mit der andere ihren Glauben leben. Wir haben uns sogar über andere lustig gemacht, wenn die überall Zeichen Gottes gesehen haben. Wie bitte sollen unsere Jungs dann eine Wertschätzung für den Glauben aufbauen?"

Ingos Worte versetzen Verena einen Stich. Sie weiß, dass sie gemeint ist, wenn er „wir" sagt. Denn er hat die Gemeinde vor ihrem kritischen Urteil oft in Schutz genommen. So fragt sich Verena: „Haben die Jungs nie von mir gehört, dass ich trotz aller Unvollkommenheit dankbar für unsere Gemeinde bin? Wie viel ich unserem Pastor zu verdanken habe? Und wie viel mir meine persönliche Bibellektüre gibt? Habe ich meinen Jungs den Weg zum Glauben verbaut? Wird es nach ihrer Pubertät eine zweite Chance geben? Und wie sieht es Gott wohl, dass ich in einem so wichtigen Bereich meines Lebens versagt habe?"

Nun haben Sie vor Augen, wie der Stachel Abwerten auch Gott auf Abstand hält. Die Art und Weise, wie Gott sich im eigenen Leben, im Leben anderer und im Gemeindeleben zeigt, ist Glaubenden manchmal nicht gut genug. Sie halten eine kritische Distanz ein. Ihre Sehnsucht nach Vollkommenheit fühlt sich stärker zu Idealen hingezogen als zu Gott selbst. Ihre Höhepunkte erleben kritisch Glaubende, wo Gott ihre Bedürfnisse nach einer liebevollen Berührung, nach Heilung und einer befreienden Veränderung stillt. Ihre Tiefpunkte im Glauben liegen da, wo Gottes Liebe und Macht verborgen sind wie im Stall von Bethlehem. Glaubende stehen hier am Ausgangspunkt eines spirituellen Weges.

Was Gott gibt, das genügt

Sind Gottes Möglichkeiten nicht größer als das Unvermögen anderer Menschen? Kann deren Unfähigkeit oder Ignoranz so groß sein, dass Gott Ihnen nicht geben könnte, was Sie brauchen? Gott wendet sich Ihnen durch unvollkommene Menschen zu. Er ersetzt, was diese Ihnen vorenthalten, und erstattet Ihnen, was diese Ihnen verbauen. Wenn Sie sich in eine überlegene Distanz zurückziehen oder andere hart kritisieren, dann drückt sich darin auch ein Mangel an Vertrauen aus. In diesem Moment trauen Sie Gott nicht zu, Ihnen – dem Unvermögen anderer zum Trotz – zu geben, was Sie brauchen. Deshalb beginnt Ihr Weg mit einem Richtungswechsel Ihres Vertrauens.

Umkehren

Abwertungen geschehen aus einer überlegenen Distanz heraus und setzen andere herab. Glaubende verhärten sich dabei nicht nur gegenüber anderen Menschen. Sie verschließen sich auch gegenüber Gott. Das entlarvt Jesus mit einem Gleichnis: „Er sagte aber zu einigen, die überzeugt waren, fromm und gerecht zu sein, und verachteten die andern, dies Gleichnis: Es gingen zwei Menschen hinauf in den Tempel, um zu beten, der eine ein Pharisäer, der andere ein Zöllner. Der Pharisäer stand und betete bei sich selbst so: Ich danke dir, Gott, dass ich nicht bin wie die andern Leute, Räuber, Ungerechte, Ehebrecher, oder auch wie dieser Zöllner. Ich faste zweimal in der Woche und gebe den Zehnten von allem, was ich einnehme. Der Zöllner aber stand ferne, wollte auch die Augen nicht aufheben zum Himmel, sondern schlug an seine Brust und sprach: Gott, sei mir Sünder gnädig! Ich sage euch: Dieser ging gerechtfertigt hinab in sein Haus, nicht jener. Denn wer sich selbst erhöht, der wird erniedrigt werden; und wer sich selbst erniedrigt, der wird erhöht werden" (Lk 18,9-14; L17).

In der Gleichnisgeschichte, die Jesus erzählt, ist das Problem offensichtlich. Kaum einer würde ein Gefühl von Überlegenheit so dreist vor Gott ausbreiten. Aber steckt nicht schon in einer kritischen Sicht auf andere eine ganz ähnliche Überlegenheit? Verraten wir nicht selbst in unseren Gebeten für andere, dass wir uns für reifer oder besser halten?

Sachlich hat der Pharisäer übrigens recht: Sein Leben genügt höheren Maßstäben als das des Menschen, mit dem er sich vergleicht. Sein Problem ist die überlegene Distanz, auf die er sich zurückzieht. Er entfernt sich von Gott, der immer mit Liebe und Barmherzigkeit reagiert.

Was Jesus zur Bescheidenheit gelehrt hat, beherzigt sein Botschafter Paulus später, als er Gemeinden gründet und diese zu einem Jesus-gemäßen Leben anleitet. In einem Brief an eine Gemeinde in Korinth spricht er

> Ich kann niemanden abwerten, ohne zugleich Gott herabzusetzen, der den anderen ja führt und an sein Ziel bringt.

Menschen ins Gewissen, die sich auf einer höheren geistlichen Stufe fühlen: „Was bringt dich überhaupt dazu, so überheblich zu sein? Ist nicht alles, was du hast, ein Geschenk Gottes? Wenn es dir aber geschenkt wurde, warum prahlst du dann damit, als hättest du es dir selbst zu verdanken?" (1. Kor 4,7; NGÜ).

Paulus verdirbt damit nicht die Freude, die Glaubende an ihren Einsichten und den Auswirkungen ihres Glaubens finden. Er korrigiert nur das Überlegenheitsgefühl und die Abwertung anderer, die zwangsläufig aus der Überlegenheit folgt.

Ganz ähnlich klingt Paulus in einem Brief an die Gemeinde in Rom, als er sich in einem anderen Zusammenhang gegen eine Abwertung wendet: „Wer bist du, dass du einen fremden Knecht richtest? Er wird aber stehen bleiben, denn der Herr kann ihn aufrecht halten" (Röm 14,4; L17). Paulus führt uns vor Augen: Ich kann niemanden abwerten, ohne zugleich Gott herabzusetzen, der den anderen ja führt und an sein Ziel bringt – mag der andere auch noch so unvollkommen sein.

Vielleicht liegt Ihnen nach diesen Gedanken bereits ein Bußgebet wie eins der folgenden auf den Lippen:

„Herr, ich habe mich Menschen gegenüber verhärtet, weil ich ihre Schwächen nicht ertrage. Aber es sind Menschen, die du genauso liebst wie mich. Hilf mir, die anderen wieder zu schätzen und offen zu sein. Hilf mir auf deine Weise, dass ich mit ihren Schwächen zurechtkomme."

„Gott, wenn ich ehrlich bin, bin ich sauer auf dich, weil du Menschen in unserer Gemeinde nicht zur Vernunft bringst. Aber wer bin ich, dir vorzuschreiben, wann du Geduld mit Menschen hast und wann du sie korrigierst. Ich habe selbst viel von deiner Geduld gebraucht. Hilf mir, in deine Geduld mit anderen einzuwilligen."

„Guter Gott, du schenkst mir so viel Freude am Beten und hast schon so unglaublich auf manche meiner Bitten reagiert. Und was habe ich aus diesem Geschenk gemacht? Ich komme mir besser vor als andere und sehe auf die herab, die die Kraft des Gebetes nicht kennen. Verzeih mir!"

„Herr, und wenn ich selbst tausendmal im Recht sein sollte: Ich habe kein Recht, Robert so zu verurteilen. Vergib mir. Damit verachte ich auch den Weg, den du mit Robert gehst. Schenke mir eine Gelegenheit, bei der ich mich entschuldigen kann."

Ihre Selbstkorrektur macht eine Glaubenserfahrung möglich, die besonders wichtig für Sie sein könnte: Was Gott gibt, das genügt.

Einen Zugang finden

Wie finden Glaubende zu der Erfahrung, dass Gott einen vollkommenen Weg mit ihnen geht – in einer unvollkommenen Welt, umgeben von unvollkommenen Menschen? Auch dies entdecken Glaubende auf ganz unterschiedliche Weise. Immer jedoch steht am Ende ein Vertrauen.

Berührt durch reife Menschen. Seine Ungeduld mit anderen Menschen war eindeutig Tims Schwachpunkt. „Nächstenliebe funktioniert bei mir nicht", bekannte er selbstironisch. „Ich bin allergisch gegen Dummheit."

Tim hat für eine Veränderung gebetet. Er hat versucht, sich zusammenzureißen und nachsichtig zu sein. Es waren besondere Menschen, die erste Steine aus der Mauer seiner inneren Härte brachen. Ein neuer Abteilungsleiter half Tim mit großem Einfühlungsvermögen, beruflich den nächsten Schritt zu finden. Bei einem neuen Freund fühlte sich Tim so verstanden wie noch nie. Schließlich lernte er eine Frau kennen, die so unglaublich gut zu ihm passte, als hätte Gott sie nur für ihn geschaffen. Weil Gott so gut für ihn sorgte, fühlte er sich der Unvollkommenheit anderer nicht mehr ausgeliefert. Er konnte großzügiger, liebevoller und wertschätzender sein. Musste Gott erst seine Bedürfnisse im Übermaß stillen, damit Tim diese einfache Wahrheit ergreifen kann: Wo Gott sorgt, da kann kein Mensch sein Lebensglück schmälern und ihn auch nicht daran hindern, seiner Bestimmung zu folgen?

―――――――

Ein geöffnetes Herz. Silvia würde ihre Seele nicht an den Teufel verkaufen. Sie kann sich aber gut in dem wiederfinden, was Goethes Faust dem Teufel als Gegenleistung abverlangt:

> „Werd ich zum Augenblicke sagen:
> Verweile doch! Du bist so schön!
> Dann magst du mich mit Fesseln schlagen,
> dann will ich gern zugrunde gehen."

Silvias Grundgefühl ist eine Unzufriedenheit und ein Unerfülltsein: „Ach, wann ist denn wirklich einmal alles in Ordnung?"
Silvias Durchbruch im Glauben bestand in einer Entdeckung, für die sie nur schwer Worte findet. Wenn es ihr gelingt, sich innerlich mit Gott zu verbinden, sieht sie die Welt und die Menschen um sich herum anders, besser gesagt: Sie spürt alles anders. Ihr Herz öffnet sich für die Schönheit eines Baumes oder des Holztisches, an dem

sie gerade sitzt. Sie empfindet eine Liebe für die Menschen um sie herum, sie findet sie einfach liebenswert und spürt auch deren Zuneigung und Wertschätzung. Sie ist dann dankbar, spürt Freude und kann tatsächlich zum Augenblick sagen: „Du bist so schön!" Auch in solchen Momenten nimmt sie die Schwächen anderer und die Unvollkommenheit ihres Lebens wahr. Aber das raubt ihr nicht das Gefühl einer liebevollen Freude, die sie spüren lässt: „Alles ist gut so." Silvia entdeckt immer mehr Möglichkeiten, wie sich ihr Herz in dieser Weise öffnet: Sie versucht, betend durch den Alltag zu gehen. Sie übt das Jesusgebet aus der christlich-orthodoxen Tradition, das sie einmal an einem Wochenendseminar gelernt hat. Spätestens wenn sie eine Unzufriedenheit oder Unerfülltheit spürt, zieht sie sich zurück und versucht, ihre Verbindung mit Gott zu erneuern.

Verlieren und wiederfinden. Arthur hat genug von dem frommen Gesäusel. Genug von überdrehten Christen, die schon darin ein Zeichen Gottes sehen, wenn ihnen die Bibel auf den Boden fällt und sich auf einer bestimmten Seite öffnet. Genug von manipulativen Sprüchen, dass Gott einen freudigen Geber liebt, wenn für ein fragwürdiges Projekt Spenden fehlen. Genug vom vollmundigen Reden von einer „Erweckung" in einer Gemeinde, deren Veranstaltungen für normale Menschen abschreckend oder schlicht langweilig sind.
Arthur beschließt, ein paar Monate Urlaub von Gott zu machen. Aber er kann es nicht richtig genießen, wenn er am Sonntag mit Kumpels frühstücken oder alleine in die Sauna geht. Es fühlt sich irgendwie falsch an. Oder ist sein Gewissen schon fromm verbogen? Obwohl Arthur in seinem Leben nie langweilig ist, spürt er da, wo er früher einmal Gott gespürt hat, eine Leere in seinem Inneren. Er bemerkt, wie sich eine Unordnung in seinem Leben ausbreitet. Beinahe hätte er eine Affäre mit einer Arbeitskollegin begonnen, die sexy auftritt, aber ziemlich kaputt ist. Arthur erwischt sich bei Notlügen, macht Bemerkungen, die unter der Gürtellinie liegen, und bleibt beim Fernsehen an Filmen hängen, die er sich früher nie angesehen hätte. „Geht es bergab mit mir?", fragt sich Arthur.
Er besucht Gottesdienste anderer Gemeinden. Doch als kritischer

Beobachter sieht er ganz ähnliche Frömmeleien, Heucheleien und Manipulationen, wie er sie aus der eigenen Kirchengemeinde kennt. Wenn ich mich hier anschließe, denkt sich Arthur, komme ich vom Regen in die Traufe.

Nur weil sich ein Freund taufen lässt, kommt Arthur nach einigen Monaten wieder in seine frühere Gemeinde. Er fühlt sich im Gottesdienst Gott nahe und hat plötzlich einen Satz im Ohr: „Schau nicht auf die Menschen, sieh auf mich!"

Über diesen Satz denkt Arthur lange nach. Er geht wieder in den Gottesdienst und sieht ihn mit anderen Augen. Wenn Jesus damals im Stall zur Welt gekommen ist, soll ich dann heute erwarten, dass meine Gemeinde perfekt ist? Vielleicht möchte mich Gott zwischen all diesen Rindern und Eseln segnen.

Arthur gelingt es besser, an den Menschen vorbei zu Gott zu sehen. Er merkt auch, wie er auf die unreifen Menschen in seiner Gemeinde fixiert war. Aber es gibt doch auch reife Persönlichkeiten, die ihren Glauben auf eine schöne und authentische Weise leben. „Warum halte ich mich nicht einfach an die, statt mich an den anderen aufzureiben?", fragt sich Arthur. Erleichtert stellt er fest, dass sich auch in seinem übrigen Leben wieder die Ordnung herstellt, die er verloren hatte.

Die Glaubenswege von Tim, Silvia und Arthur sind nur drei Beispiele für Wege, auf denen Glaubende entdecken: Was Gott gibt, das genügt. Wenn sie einmal diese Erfahrung gemacht haben, sind Sie bereit für den nächsten Schritt.

Sich beheimaten

Besondere Glaubenserfahrungen entzünden ein Feuer, das auch im Alltag weiterbrennen kann. Glaubende müssen allerdings lernen, wie sie dieses Feuer nähren, damit es im Alltag nicht erlischt. Wenn Sie sich mit dem Stachel Abwerten schützen, können folgende Wahrheiten Ihren Glauben nähren.

Die berühmte Geschichte vom verlorenen Sohn, die Jesus erzählt hat, endet mit einem Szenenwechsel, der ebenfalls erhellend ist: Der verlorene Sohn hat zwar sein Erbe verschwendet, ist aber zurückgekommen. Der Vater hat ihn mit offenen Armen empfangen. Nun muss er sich einem zweiten Problem zuwenden: Der ältere Bruder will die Rückkehr des jüngeren nicht mitfeiern: „All die Jahre habe ich schwer für dich gearbeitet und dir nicht ein einziges Mal widersprochen, wenn du mir etwas aufgetragen hast. Und in dieser ganzen Zeit hast du mir nicht einmal eine junge Ziege gegeben, um mit meinen Freunden ein Fest zu feiern. Doch jetzt, wenn dein Sohn daherkommt, nachdem er dein Geld mit Huren durchgebracht hat, feierst du und schlachtest unser bestes Kalb" (Lk 15,29-30; NLB).

Der ältere Sohn steht sich selbst im Weg. Weil er sich überlegen fühlt, akzeptiert er das Verhalten des Vaters nicht. Es erscheint ihm falsch und ungerecht. Die Antwort des Vaters trifft den Nerv: „Alles, was ich habe, gehört dir" (Lk 15,31; NLB). Das hat der korrekte, selbstzufriedene Sohn noch nicht entdeckt: Alles, was der Vater aufgebaut hat, was er besitzt und verwaltet, teilt er gerne mit dem Sohn. In den Augen des Vaters gehört dem Sohn schon alles. Das ist die Botschaft, die Jesus mit der Gleichnisgeschichte vermittelt: So sollst du auch Gott sehen. Das Gleiche darfst du von ihm erwarten.

> Gott sorgt für unsere menschlichen Bedürfnisse. Doch manchmal führt er auch Wege, die mit Schmerz und Mangel verbunden sind.

Martin Luther bringt das so auf den Punkt: „Wie du an Gott glaubst, so hast du ihn. Glaubst du, daß er gütig und barmherzig ist, so wirst du ihn so haben."[1] Dass auch Luther einen Abwertungsstachel ausfahren konnte, können wir in seinen verhängnisvollen Schriften lesen, die er gegen die Bauern und die Juden gerichtet hat. Umso wichtiger war für ihn die Erkenntnis, dass Gott alles schenkt, was Menschen brauchen, um ihm mit ihrem Glauben und Leben zu genügen.

An vielen Stellen vergleicht Jesus Gott mit einem guten Vater. Mir scheint, er tut es besonders da, wo wir zweifeln, ob Gott bereit und fähig ist, sich uns so zuzuwenden, wie wir es brauchen – ein Zweifel, der hinter dem Stachel Abwerten steht. Jesus holt Zweifelnde hier ab: „(...) würde jemand unter euch seinem Kind einen Stein geben, wenn es ihn

---

1 Martin Luther (1883–2009): D. Martin Luthers Werke. 120 Bände Weimar, Weimarer Ausgabe 17/I, 412, 19–20, Verlag Hermann Boehlaus, Weimar

um Brot bittet? Würde er ihm eine Schlange geben, wenn es ihn um einen Fisch bittet? Wenn also ihr, die ihr doch böse seid, das nötige Verständnis habt, um euren Kindern gute Dinge zu geben, wie viel mehr wird dann euer Vater im Himmel denen Gutes geben, die ihn darum bitten." So überliefert es Matthäus im 7. Kapitel seines Evangeliums (Mt 7,9-11; NGÜ). Auch Lukas berichtet uns dieses Jesuswort, allerdings mit einem anderen Akzent: Statt vom „Guten", das der Vater gibt, spricht Lukas vom „Heiligen Geist", den der Vater denen gibt, die ihn darum bitten (Lk 11,11-12). Beides fügt sich zu einem Bild, das Jesus von seinem Vater im Himmel zeichnet: Gott sorgt für unsere menschlichen Bedürfnisse, indem er uns gibt, was wir brauchen. Doch manchmal führt er auch Wege, die mit Schmerz und Mangel verbunden sind. Dann schenkt sein Geist Trost, Freude und einen inneren Frieden. Damit finden Glaubende selbst in schlimmen Lebensumständen, was ihnen genügt.

Das hat der Jesus-Botschafter Paulus im Extrem erlebt: „Wir erweisen uns als Gottes Diener, ob wir nun geehrt oder geschmäht werden, ob man Schlechtes über uns redet oder Gutes. Wir werden als Betrüger angesehen, aber wir halten uns an die Wahrheit. Wir werden nicht beachtet und sind doch anerkannt. Ständig sind wir vom Tod bedroht, und doch sind wir – wie ihr seht – immer noch am Leben. Wir werden schwer geplagt und kommen doch nicht um. Wir erleben Dinge, die uns traurig machen, und sind doch immer voll Freude. Wir sind arm und machen doch viele reich. Wir besitzen nichts, und doch gehört uns alles" (2. Kor 6,8-10; NGÜ). Mit diesen Worten beschreibt Paulus das souveräne Lebensgefühl dessen, der entdeckt: Was Gott gibt, das genügt.

Glaubende werden barmherzig gegenüber den Schwächen anderer, wenn sie wissen: Was ich brauche, kommt von Gott – vieles schenkt er mir durch Menschen, die sich mir zuwenden. Doch wenn Menschen versagen, findet Gott andere Wege, für mich zu sorgen. Er wendet sich mir auf übernatürliche Weise zu.

Es ist das Gefühl, dem Unvermögen anderer Menschen ausgeliefert zu sein, das den Stachel Abwerten hervorgebracht hat. Wo der Glaube dieses Gefühl überwindet, wird der Stachel entbehrlich, sowohl Menschen als auch Gott gegenüber. In dieser Wirklichkeit des Glaubens dürfen Sie sich beheimaten, wenn das Abwerten der Stachel Ihres

Glaubens ist. Dabei helfen Ihnen Zugänge, die die christliche Tradition gefunden hat. Vier davon stelle ich Ihnen hier vor.

Aufmerksam sein – mit den Augen des Glaubens sehen. „Dass unsere Sinnen wir noch brauchen können und Händ und Füße, Zung und Lippen regen, das haben wir zu danken seinem Segen. Lobe den Herren!", dichtete Paul Gerhardt in einem Kirchenlied (Gotteslob, 81; Evangelisches Gesangbuch, 447). Überall erblickt der Glaube Gottes liebevolles Handeln.

Ob wir die Welt so wahrnehmen, wie sie uns vor Augen tritt, oder ob wir in ihr Gottes Wirken wahrnehmen, macht für unser Leben einen Unterschied: Die Augen des Glaubens entdecken immer einen Grund zur Freude. Sie nehmen einen tröstlichen Lichtblick wahr. Sie sehen, wie sich Gottes Fürsorge in jedem Moment des Lebens zeigt. Darauf lenken Glaubende ihre Aufmerksamkeit immer neu. So nehmen sie wahr, was ihnen leicht entgangen wäre.

- Menschen mögen unseren Zorn wecken, doch das Auge des Glaubens sieht im anderen das geliebte Kind Gottes, das unverdient Geduld und eine zärtliche Ansprache findet.
- Wir mögen uns leer und frustriert fühlen, der Glaube nimmt wahr, womit uns Gott überrascht, um uns auf andere Gedanken zu bringen.
- Ein wichtiges Ziel scheint verbaut zu sein, doch der Glaube sieht schon den Weg, den Gott bahnt.

Wenn wir unsere Aufmerksamkeit schulen, sehen wir immer deutlicher, wie Gott uns in unserem Alltag aufsucht und beschenkt. Das gelingt umso besser, je mehr wir von der Wirklichkeit Gottes wissen. Dabei hilft der zweite Zugang.

Betrachten (Kontemplation). Dabei betrachten Glaubende einen Bibeltext so lange, bis sich die Wirklichkeit zeigt, auf die das Wort verweist. Sie ziehen sich zurück und schirmen sich von Ablenkungen ab. Sie konzentrieren sich betend auf ein Bibelwort, versuchen aber nicht, das Wort mit dem Verstand zu erfassen. Stattdessen setzen sie sich dem Wort vertrauensvoll aus, um sich von diesem erfassen zu lassen.

Manchmal hilft dabei unsere Fähigkeit, uns Dinge bildlich vorzustellen und uns in diese Vorstellung zu vertiefen. So könnten Sie sich vor Augen führen, wie Gott Sie zum Freudenfest einlädt, das er für eine Schwester oder einen Bruder feiert, die nach schweren Fehlern wieder neu zu Gott finden. Oder Sie stellen sich vor, wie Sie Gott um Brot oder einen Fisch bitten. Bei solchen Bildern verweilen Glaubende dann betend. Sie lassen zu, dass sich die Bilder vor ihrem inneren Auge ein wenig verändern. So könnte Ihnen Gott statt einem Fisch ein neues Herz voller Liebe geben oder einen Hirtenstab, mit dem Sie Menschen leiten, die Ihnen anvertraut sind. Dabei offenbart der Geist Gottes tiefere Wahrheiten. Er hilft auch, dass Wahrheiten vom Kopf ins Herz finden.

Manchmal schweift die Fantasie allerdings ab. Sie zieht uns in bizarre Bilder hinein, wie es auch in unseren Träumen geschieht. Glaubende, die sich in der Kontemplation üben, folgen solchen Bildern nicht. Sie ergründen auch nicht deren unbewusste, symbolische Bedeutung, sondern lenken ihre Aufmerksamkeit einfach wieder zu dem Bild zurück, wie es das Bibelwort nahelegt.

> Wo geistliche Hilfen zur Methode werden, von der man nicht abweichen darf, ist man dem magischen Denken näher als einem lebendigen Gottvertrauen.

Kontemplation ist gleichermaßen aktiv und passiv. Aktiv ist sie, wo sie sich von anderen Reizen abschirmt und sich auf ein Bibelwort konzentriert. Passiv ist sie im Hinblick darauf, was in der Begegnung mit dem Wort geschieht und auf welche Weise sie in die Wirklichkeit hineingezogen wird, die das Wort ausdrücken will.

Was Glaubende erkannt haben, müssen sie in ihrem Alltag manchmal behaupten. Denn dieser konfrontiert sie mit seinen eigenen Wirklichkeiten. Dabei hilft der dritte Zugang.

Bekennen (Proklamation). Ein Bekenntnis ruft die Wirklichkeit Gottes aus, auch wenn meine menschliche Wirklichkeit das Gegenteil dessen ist, was die Einladung von Jesus verspricht. Wo sich das Unvermögen von Menschen gegen mich verschworen hat, da spreche ich aus: „Dich, Vater im Himmel, darf ich bitten, wenn ich etwas brauche, und du gibst es mir." Wo ich mich unter Druck fühle, bekenne ich: „Gott gibt mir in jeder Situation, was nötig ist. Das reicht, für mich, für andere und auch für dich, Gott – selbst wenn es meinen Maßstäben gerade nicht genügt."

In einem Bekenntnis drückt sich der Glaube aus, dass die unsichtbare Wirklichkeit des Glaubens stärker ist als die Realität unserer Lebensumstände. Viele Glaubende erleben genau das, wenn sie sich zu einer Wirklichkeit bekennen, für die sich Jesus verbürgt hat. Plötzlich verspüren sie eine Freude mitten in frustrierenden Umständen. Unerwartet entdecken sie eine beglückende Gemeinschaft, die alles vergessen lässt, was nicht in Ordnung ist.

In manchen Traditionen glaubt man, dass ein Bekenntnis mehr bewirkt, wenn es vor anderen Menschen ausgesprochen wird. Warum sollten Glaubende nicht zu dem stehen, wovon sie überzeugt sind? In manchen Situationen würde ein Bekenntnis aber aufdringlich oder befremdend wirken. Wer dann fürchtet, dass sein Festhalten an Gott nichts gilt, wenn er es nicht kundtut, der setzt sich selbst unter Druck. Wo geistliche Hilfen zur Methode werden, von der man nicht abweichen darf, ist man dem magischen Denken näher als einem lebendigen Gottvertrauen.

Aufmerksam-Sein, Betrachten und Bekennen öffnet unseren Alltag für die Wirklichkeit Gottes. Ein vierter Zugang fehlt noch: das Aufbrechen – ein Handeln im Glauben, das im Vertrauen auf Gott etwas wagt und dadurch in seine Wirklichkeit hineintritt.

(Die Anfangsbuchstaben der vier Zugänge – Aufmerksam-Sein, Betrachten, Bekennen und Aufbrechen – verbinden sich zu ABBA, einem aramäischen Kosewort für ,Vater', das Jesus für Gott verwendet hat. Diese Merkhilfe können Sie einsetzen, wenn Sie sich die vier Zugänge in Erinnerung rufen wollen.)

Die Wahrheiten dieses Kapitels können Sie mit Bibelstellen vertiefen, die ich im Folgenden aufliste. Für mein Empfinden erschließt sich in ihnen besonders gut, dass genügt, was Gott uns gibt. Vielleicht entdecken Sie aber noch weitere Worte, die diese Wahrheit in Ihrem Herzen und Ihrem Alltag verankern.

- Joh 16,16-24 – Jesus sieht sein Sterben kommen und stimmt seine Schüler auf den Abschied ein: für sie ist nach seinem Tod vollkommen gesorgt;
- Joh 19,26-27; Lk 23,39-43; Lk 7,2-10 – betrachten Sie ein Pa-

norama kurzer Begegnungen, in denen Jesus einfühlsam für Menschen sorgt;

- Ps 30 – ein Beter beschreibt in starken Bildern, dass Gott letztlich für alles gesorgt hat;
- 2. Kor 9,8 – wenn das nicht genug ist …;
- Röm 8,28-39 – ein wortgewaltiges Bekenntnis: Gottes Liebe setzt sich gegen jede Widrigkeit durch, gedeckt von der persönlichen Erfahrung des Jesus-Botschafters Paulus;
- Jakobus 1,12-18 – für Fortgeschrittene: eine Betrachtung Gottes, von dem nur Gutes kommt.

Aufbrechen

Die Wirklichkeit mancher Lebenssituationen steht im Gegensatz zur Wirklichkeit des Glaubens. Oft erfordert es daher einen Vertrauensschritt, um von einer Wirklichkeit in die andere zu gelangen. Auch folgende Schritte helfen Ihnen, in die Glaubenswirklichkeit dieses Kapitels einzutreten.

Sie müssen jemanden korrigieren? Dann tun Sie das im Glauben: Vor Ihnen steht jemand, der vielleicht total danebenliegt, den Gott aber genauso liebt wie Sie. Gehen Sie nicht in ein Gespräch, bevor Sie nicht ein wenig dieser Liebe Gottes nachempfinden können. Führen Sie sich das Beste des anderen vor Augen. Vertrauen Sie dem Besten im anderen, auch wenn es sich vielleicht nicht sofort zeigt. Sprechen Sie keine Wertungen und Urteile aus. Argumentieren Sie von Ihren Bedürfnissen und Wünschen her oder erinnern Sie an zwischenmenschliche Spielregeln oder gemeinsame Ziele. Wenn Sie im Glauben in die Situation eintreten, ist Gott dabei. Erwarten Sie vertrauensvoll, was geschieht.

Entschuldigen Sie sich, wenn Sie übermäßig oder im scharfen Ton kritisiert haben. Nehmen Sie eine Haltung wie diese ein: „Die Beziehung zum anderen ist mir wichtig, vielleicht sogar wichtiger als die Sache, um die es ging. Ich möchte mit dem anderen so gut wie möglich auskommen und nicht mehr Distanz aufbauen als nötig." So stellen Sie nicht nur die Beziehung, sondern auch Ihren Einklang mit Gott wieder her.

Lassen Sie sich einmal auf ein Team ein, in dem sehr unvollkommene Menschen sind, vielleicht nur für eine begrenzte Zeit. Nehmen Sie die anderen im Namen Jesu an und spüren Sie die Freude, die Jesus an jedem Einzelnen hat. Machen Sie es sich zu einer Übung des Glaubens, sich an folgenden Verhaltensweisen nicht zu stören: schlechtem Benehmen, Zeit- und Ressourcenverschwendung, Irrtümer oder mangelhafte Ergebnisse. Spüren Sie, wie sich Ihre Verbindung zu Gott vertieft, wenn Sie eine Haltung der Annahme, Geduld und Barmherzigkeit einüben. Sie geht viele Umwege mit, um den anderen ja nicht zu verlieren.

Wenn eine Situation frustrierend oder ärgerlich ist: Halten Sie Ausschau, wo Gott in dieser Situation gegenwärtig ist. Was hat er hier vielleicht vor? Was bewirkt er gerade in Ihrem Inneren, wenn Sie das zulassen? Entdecken Sie die Wirklichkeit des Glaubens, wenn die Wirklichkeit einer Lebenssituation quer zu Ihren Bedürfnissen steht. Versuchen Sie wahrzunehmen, wie Gott einfühlsam und unterstützend an Ihrer Seite ist. Reagieren Sie dann so vertrauensvoll und gelassen, als ob Sie sich Gottes Gegenwart ganz sicher wären.

Gehen Sie durch Leid und kommt es Ihnen so vor, als sei Gott unfähig, Ihnen zu helfen? Wir können unser Leben nur rückwärts – vom Ende her – verstehen, müssen es aber vorwärts leben. Wenn Ihnen im Großen die Güte Gottes verborgen ist, drücken Sie Ihr Vertrauen im Kleinen aus: Wo sorgt Gott am heutigen Tag für Sie? Welchen Trost, welche Freude, welche kleine Erleichterung finden Sie, die Sie als Zuwendung von Gott verstehen können?

Sind Sie in einem Team, das Sie nicht versteht? Dann halten Sie das Vertrauen aufrecht, dass Gott Sie nicht alleine lässt. Gott wird Ihnen andere Menschen schicken, die Ihnen in seinem Auftrag das bringen, was Sie brauchen. Verzeihen Sie die Unzulänglichkeiten, auf die Sie in Ihrem Team stoßen. Machen Sie sich vertrauensvoll auf die Suche, um woanders zu finden, was Sie an Wissen, Unterstützung oder Ermutigung brauchen.

Solche Glaubensschritte führen Sie in einen Kreislauf des Vertrauens. Sie machen Erfahrungen mit Gott, die Ihnen die Glaubenswahrheiten dieses Kapitels noch tiefer erschließen. Und umgekehrt: Je tiefer Sie diese Glaubenswahrheiten erfassen, desto mehr neue Glaubenserfahrungen bahnen sich den Weg in Ihren Alltag.

Der Stachel Abwerten schützt vor der Unvollkommenheit anderer. Der Stachel Selbstdarstellung dagegen, von dem das nächste Kapitel handelt, fürchtet sich vor der eigenen Unvollkommenheit.

Wenn sich Glaubende
selbst darstellen

- Haben Sie Ihr Glaubensleben im Griff?
- Haben Sie die Stärke Ihres Glaubens schon einmal überschätzt?
- Verbergen Sie Ihre Schwächen manchmal vor sich selbst und vor Gott?
- Ist es Ihnen auch in Ihrem Glauben wichtig, wie Sie auf andere wirken?

Dann könnte Selbstdarstellung der Stachel Ihres Glaubens sein. Wenn wir uns mit den Augen des Glaubens betrachten, sind wir wirklich toll: bei der Erschaffung des Menschen, wie sie im Alten Testament beschrieben wird (1. Mo 5,1), hat Gott selbst Modell gestanden. Er hat seine Eigenschaften und Wesenszüge in den Menschen gelegt.

> Unsere menschliche Freiheit schließt stets die Möglichkeit ein, dass wir uns gegen das Gute entscheiden.

Wer den Glauben praktiziert, wird Teil von unerhörten Vorgängen: Glaubende werden zum Beispiel zu einem Gefäß, in das Gott seine Liebe ausgießt (Röm 5,5). Sie werden in ihrem Charakter und Verhalten allmählich so, wie Jesus war (Röm 8,29). Gott stattet Glaubende sogar mit übernatürlichen Kräften aus (1. Kor 12,7-11.) Das kann sich sehen lassen.

Doch das ist nur die Sonnenseite unserer menschlichen Möglichkeiten. Die Kehrseite ist dunkel, denn unsere menschliche Freiheit schließt stets die Möglichkeit ein, dass wir uns gegen das Gute entscheiden. Seit Adams Apfel und Kains Brudermord hat sich die Menschheit immer wieder unter die Macht des Bösen gebracht. So tragen auch Glaubende Helles und Dunkles zugleich in sich. Wo mir heute eine Tat der Liebe gelingt, kann ich morgen schon erbärmlich selbstsüchtig sein. Auf diesem Hintergrund können wir erkennen, wann wir uns selbst, andere und letztlich Gott täuschen:

- wenn wir in dem Bewusstsein leben, mit unserem Glauben und uns sei alles größtenteils in Ordnung;
- wenn wir unseren Glauben in Szene setzen, als wären unsere Glaubenserfahrungen das Ergebnis unserer eigenen Disziplin oder Reife;
- wenn wir in guten Lebensphasen den Anschein erwecken, so etwas wie Lieblingskinder Gottes zu sein;
- wenn wir die dunklen Seiten unserer Seele und unseres Verhaltens aus unserem Bewusstsein verdrängen;
- wenn wir das, was uns Gott schenkt, verwenden, um unser Image aufzupolieren, und dadurch die Aufmerksamkeit und Zuwendung von Menschen wecken.

Typischerweise sind es Situation wie die folgenden, in denen sich Menschen mit Selbstdarstellung oder Selbsttäuschung schützen:

- eine Zeit der Stagnation im Glauben, in der man kaum Erfahrungen mit Gott macht und dadurch vor sich und anderen wenig vorweisen kann;
- Probleme und Misserfolge, die das eigene Selbstwertgefühl belasten, wie eine Partnerschafts- oder Ehekrise, finanzielle Probleme, berufliche Rückschläge oder anhaltende Erziehungsprobleme;
- zu viele Menschen im eigenen Umfeld, die uns an Erfolg, Status und Leistung messen und deren Interesse an uns von solchen Äußerlichkeiten abhängig ist;
- zu wenig Menschen im eigenen Umfeld, die Liebe und Aufmerksamkeit schenken.

So können wir festhalten, was den Stachel Selbstdarstellung reizen kann: Zum einen hat jeder Mensch ein natürliches Bedürfnis danach, einen guten Eindruck auf andere zu machen. Wenn das einmal nicht möglich ist, kann das an einen wunden Punkt rühren. Zum anderen brauchen wir alle Liebe, die nicht an Bedingungen geknüpft ist. Wo diese fehlt, kann das ebenfalls schmerzen.

Wenn der Stachel Selbstdarstellung in Aktion tritt, dann geschieht, was in den folgenden Geschichten sichtbar wird.

Sich selbst und Gott etwas vormachen

Den eigenen Glauben überschätzen. Christine ist ein Vorbild in ihrer Gemeinde, an dem sich viele orientieren. Sie hat eine ansteckende Fröhlichkeit. Sie betet leidenschaftlich. Sie redet natürlich und unbefangen über Gott. Christine packt Projekte entschlossen an und hat in allem eine gewisse Leichtigkeit. An ihrer Seite machen auch mühsame Aufgaben Spaß.

Christine erntet viele Komplimente, was ihren Glauben angeht. Auch Christine selbst ist zufrieden mit sich. Dagegen kämpft ihre Freundin Silke mit Minderwertigkeitsgefühlen, wenn sie viel Zeit mit Christine verbringt. Zugleich beobachtet Silke Dinge, die sie zweifeln lassen, ob Christine wirklich so perfekt ist: Sie redet manchmal lieblos von anderen, vor allem von Menschen, die zweifeln, sich Sorgen machen oder einfach schüchtern sind.

„Die nerven mich", gesteht Christine dann. „Für solche Leute habe ich keine Geduld."

Eine Frau hat den Hauskreis verlassen, den Christine leitet. Die wahren Gründe dafür hat sie nicht genannt. Aber Silke hat erfahren, dass sie sich manchmal von Christine überfahren und abgelehnt gefühlt hat. Ist Christine am Ende ein ganz normaler Christ mit Stärken und Schwächen, nur dass ihre Stärken leuchten und ihre Schattenseiten fast niemandem auffallen? Auch Christine selbst nicht?

Den Glauben als etwas Machbares sehen. Martin ist eine Säule seiner Kirchengemeinde. Er leitet den Technikdienst und lässt kaum eine Gemeindeveranstaltung aus. Außerdem ist er ein Netzwerker, der Menschen verbinden kann. Auch seinen persönlichen Glauben gestaltet Martin aktiv. „In einem Jahr durch die ganze Bibel" – bei solchen Aktionen ist er dabei und bedenkt sein tägliches Pensum in aller Treue.

Martins Frau lässt sich gerne von ihm mitziehen, aber gleichzeitig fehlt ihr etwas im gemeinsamen Glaubensleben. Was genau, kann sie kaum sagen. Als sie sich aber einmal über Martin ärgert, entgleiten ihr Sätze, über die sie später noch nachdenkt: „Du hast doch alles im Griff. Nehmen wir an, es gäbe Gott nicht und wir würden uns das alles nur einbilden, würde das irgendetwas für dich ändern? Du brauchst doch Gott gar nicht, um deinen Glauben zu leben! Deine geistliche Routine funktioniert doch auch ohne ihn."

Martin ist verwirrt und erschüttert: „Ich verstehe nicht, was du meinst. In meinem Leben dreht sich doch alles um Gott."

═══════

Die Schmuddelecken vor Gott verbergen. Als es endlich raus ist, spürt Christian eine Erleichterung: Ja, sie mussten ihr Haus verkaufen. Ja, sie wohnen nun etwas beengt.

Aber hätte es so weit kommen müssen? Noch nie hatte Christian ein glückliches Händchen in Geldsachen. Einen guten Teil seiner Ersparnisse investierte er in Internet-Startups und verlor diese im Jahr 2000. Mit seinem Hang zu Marken gab er außerdem immer etwas mehr aus, als eigentlich gut gewesen wäre. Seine Eltern schossen immer wieder etwas zu, irgendwann wollten sie es nicht mehr.

„Überziehungszinsen, die Raten aufs Auto, Trockner und Waschmaschine im gleichen Jahr kaputt, irgendwann sitzt du in der Falle und kommst nicht mehr raus", erklärt sich Christian. Seine Freunde können das verstehen. Aber eines verstehen sie nicht: Warum hat sich Christian mit seinem Problem nie jemandem anvertraut? „Wir hätten ihm doch geholfen, vielleicht nicht finanziell, aber mit Rat und Ermutigung."

Gott gegenüber hat sich Christian ganz ähnlich verhalten wie gegenüber seinen Freunden. Während die finanzielle Situation enger und enger wurde, hat Christian auf anderen Gebieten Glaubenserfahrungen gemacht. Er hat viele Impulse zu geistlicher Leiterschaft gesammelt und hat oft gehört: „Du hast mich im Glauben wirklich weitergebracht. Danke, Christian!" Im Nachhinein weiß Christian: „Wenn ich Gott beim Thema Finanzen mit der gleichen Intensität gesucht hätte wie bei anderen Themen, wäre es nie so weit gekommen. Aber ich habe mich selbst vor ihm geschämt, glaube ich."

Der Stachel Selbstdarstellung bietet Schutz, indem er ein Bild aufbaut, das eigentlich zu schön ist, um wahr zu sein. Weil es aber so schön ist, täuschen sich Betroffene manchmal sogar selbst. Unbewusst glauben sie, dass sie sich dem Blick Gottes besser aussetzen können, wenn sie etwas zu bieten haben.

Wie aktiv der Stachel Selbstdarstellung ist, das hängt auch vom Klima einer Kirchengemeinde ab. Manche Gemeinden helfen, den Stachel zu überwinden, andere fördern ihn sogar. Gemeinden, deren Miteinander von reifen Christen geprägt ist, durchschauen Selbstinszenierungen. Betroffene spüren dann, dass es sich nicht lohnt, sich und den anderen etwas vorzumachen. Das Wagnis, sich ungeschminkt zu zeigen, wird mit Liebe belohnt. Andere Kirchengemeinden sind dagegen mehr von Werten geprägt, wie sie in unserer Gesellschaft vorherrschen. Dort zählen Erfolg, Begabung, Bildung und Statussymbole. Ein solches Gemeindeklima reizt nicht nur zur Selbstdarstellung, es belohnt sie auch. Manchmal sind es auch geistlicher Erfolg, geistliche Begabung und biblische Bildung, die in der Gemeinde zu einem hohen Status führen. Hier haben Äußerlichkeiten, die in unserer Gesellschaft zählen, einen frommen Anstrich erhalten.

Der Schutzmechanismus Selbstdarstellung entsteht jedoch nicht durch Gemeinden. Er ist eine Antwort auf frühe Kindheitserfahrungen. Manche Kinder erleben eine Liebe, die an Bedingungen geknüpft ist. Sie erfahren Zuwendung hauptsächlich, wenn sie sich charmant oder prinzessinnenhaft

Glauben Sie unbewusst, dass Sie sich dem Blick Gottes besser aussetzen können, wenn Sie etwas zu bieten haben?

zeigen, mit Klugheit oder Begabung beeindrucken, fleißig oder sozial sind – was auch immer die Aufmerksamkeit der Eltern gewinnt. „Toll sein" wird dann zum Lebensprogramm.

Weil aber jedes Kind tolle und weniger tolle Seiten hat, setzen Kinder früh ihre Vorzüge in Szene. Sie mogeln weg, was den positiven Eindruck stören könnte.

Wer als Kind solche Schutzmechanismen entwickelt hat, überträgt sie unwillkürlich auf Gott. Auch wenn wir *glauben*, dass Gott uns umfassend und ohne Vorbedingungen liebt, so *fühlen* wir doch, dass wir etwas bieten müssen, um Gottes Zuwendung zu wecken. Unsere emotionale Prägung beeinflusst unsere Gottesbeziehung oft stärker als unsere bewusste Glaubensüberzeugung: Wir schützen uns vor Liebesentzug, indem wir Gott etwas vormachen. Wie sich das auswirkt, lässt sich an folgenden Glaubensgeschichten beobachten.

Auf der Suche nach Wirkung

Die Veränderungen in seiner Gemeinde machen Mario unruhig. Denn unterschiedlicher könnten Vorgänger und Nachfolger kaum sein. „Dann vergleicht auch keiner", hat einer vom Kirchenvorstand erklärt, als sich eine Mehrheit für den neuen Pfarrer abgezeichnet hat. Doch Mario vergleicht. Der alte Pfarrer hatte Charisma. Nach jedem Weihnachtsgottesdienst sind einige neue Leute hängen geblieben und regelmäßig gekommen. Auch junge Familien hat der Pfarrer eingebunden. Er war ein guter Redner und hat zu unterschiedlichen Menschen einen Draht gefunden.

Mario hat gerne Freunde zu Konzerten oder auch in den ganz normalen Gottesdienst eingeladen. Mit alledem konnte man sich sehen lassen. Der neue Pfarrer verkörpert das Gegenteil dessen, was Mario wichtig war. Er lächelt einladend, bleibt aber still und wartet, bis andere auf ihn zugehen. Auf der Kanzel scheint er seine Sätze nur unter Anstrengung herauszubringen, als seien sie tief in ihm vergraben.

„Du übertreibst", findet Marios Freund. „Was er sagt, ist doch echt tiefgründig. Wirklich, mir sind manche seiner Sätze noch lange nachgegangen."

Mario fragt sich, ob er sich schämen würde, wenn er seine Freunde zum Gottesdienst mitbringen würde. Die schauen sonst geistreiche Comedy. Werden sie die Geduld haben, in dem Sand, den der Neue vor ihnen ausbreitet, nach Goldkörnern zu suchen? Mario muss sich eingestehen, dass der Neue ihm unheimlich ist. Seine zwei Schweigewochen im Jahr, hat er bei der Vorstellung gesagt, seien für ihn die größte Inspiration. Er könne noch Wochen davon zehren.

„Wird er bald selber Schweigewochenenden anbieten?", fragt sich Mario und schaudert. Aber am meisten fürchtet Mario, dass seine Kirchengemeinde an Ausstrahlung verliert und die tollen Leute wegbleiben.

Marios Gedanken offenbaren, durch welche Brille er das kirchliche Leben sieht. Seine Kirchengemeinde ist auch ein Teil des Bildes, das Mario vor sich selbst und anderen abgibt. Eine Spiritualität dagegen, die Mario auch mit dem Dunklen in sich in Berührung bringen würde, macht ihm Angst.

Der Stachel Selbstdarstellung ist von einer Motivation bestimmt, die wir auch bei Mario beobachten können. Er möchte Teil von etwas „Tollem" sein. Er möchte sich mit seiner Gemeinde identifizieren können, sie also zu einem positiven Teil seiner Identität machen.

Mario sucht außerdem ein kirchliches Leben, in dem er sich von seiner besten Seite zeigen kann. Das ist ihm in einer kommunikativen Gemeinschaft leichter möglich als in einer, die ihr Heil im Schweigen sucht. Daher beobachtet er mit Sorge, wie sich die introvertierte Persönlichkeit des neuen Pfarrers auf die Gemeinde auswirken wird. Nicht zuletzt wünscht sich Mario, dass andere seine Kirchengemeinde gut finden, zum Beispiel wenn er sie zu einer kirchlichen Veranstaltung einlädt.

Ob sich diese Wünsche erfüllen, davon hängen die Höhe- und Tiefpunkte in Marios Glauben ab. Die Sehnsucht nach Wirkung kann auch zu folgenden Glaubensgeschichten führen:

Von Gott scheinbar im Stich gelassen. Glaubende mit dem Stachel Selbstdarstellung verdrängen manchmal Probleme, die peinlich sind und sich mit dem positiven Bild, das sie von sich zeigen, nicht vereinbaren lassen. Sie wenden sich zwar an Gott. Aber der erhört ein „Mach' das weg!" nicht. Seine Hilfe kann nicht greifen, wenn ein Glaubender das Problem nur verschämt zeigt, seine Energien dann aber wieder auf andere Bereiche lenkt.

Glaubende scheitern dann an einem Beziehungsproblem, das eine wichtige Beziehung zerbrechen lässt, an einem Suchtproblem, das immer mehr Zeit und Kraft verbraucht, an einem ungelösten beruflichen Problem oder an einem finanziellen Engpass. Glaubende sind dann enttäuscht von Gott: „Warum hast du mir nicht geholfen und mich nicht vor dem Scheitern bewahrt?"

━━━━━

Selbstüberschätzung in einer Verantwortung. Glaubende, die sich selbst darstellen, werden oft überschätzt. Ihnen wird rasch Verantwortung übertragen. Einerseits muss sich jeder Verantwortliche helfen und ergänzen lassen. Andererseits jedoch kann im Bereich des Glaubens ohnehin nur gelingen, wozu Gott Menschen ermächtigt. Wo Glaubenden diese Bescheidenheit fehlt, geraten sie in eine Erschöpfung, für die heute der Begriff „Burnout" verwendet wird. Sie werden müde, lustlos, gleichgültig und oft auch reizbar.

Auch Glaubende, die sich überschätzt haben und ans Ende ihrer Kräfte kommen, erleben dies als Glaubenskrise: „Herr, ich setze mich doch mit ganzer Kraft für dich ein. Und du gibst doch offensichtlich deinen Segen dazu, sonst würde ich doch keine Ergebnisse erzielen. Sieh' doch, wie gut die Dinge laufen! Wie kann es sein, dass ich jetzt so erschöpft bin und all diese seltsamen Symptome habe? Was, wenn ich jetzt ausfalle und nicht weiterführen kann, was ich doch für dich begonnen habe?"

Die Sehnsucht nach Wirkung verhindert also, dass Gott uns da begegnet, wo wir schwach, unansehnlich und ergänzungsbedürftig sind. Damit haben wir den Ausgangspunkt beschrieben, an dem die geistliche Befreiung mancher Glaubender beginnt.

Gott macht uns liebenswert

Glaubende müssen keine Vorleistung bringen, um von Gott geliebt zu werden. Gottes Liebe ist immer schon da. Die Bibel gibt einige Anhaltspunkte, warum das so ist. Schon Eltern lieben ihre Kinder einfach, weil sie ihre Kinder sind. Wenn Kinder weniger leisten können, weil sie behindert oder krank sind, wird die Liebe von Eltern oft noch stärker und fürsorglicher. Gott liebt Menschen einfach deshalb, weil es sie gibt und weil die Menschen als seine Geschöpfe zu ihm gehören. Außerdem hat Gott den Menschen nach seinem Bild geschaffen (1. Mo 1,27; 1. Mo 5,1), er hat also seine Eigenschaften in den Menschen hineingelegt. Gott erkennt sich im Menschen wieder: Die menschliche Fähigkeit zu lieben mag verkümmert sein, aber ganz geht sie nicht verloren. Die menschliche Tatkraft mag sich auf verwerfliche Ziele richten, trotzdem spiegelt sich in ihr die schöpferische Kraft Gottes.

Nicht zuletzt kann Gott die Würde, Schönheit und Zukunft jedes Menschen in einem einzigen Augenblick wiederherstellen. Auch das hat Jesus in seinem berühmten Gleichnis anschaulich gemacht, in dem der Vater dem verlorenen Sohn seine Würde neu schenkt.

> Die Sehnsucht nach Wirkung verhindert, dass Gott uns da begegnet, wo wir schwach, unansehnlich und ergänzungsbedürftig sind.

Dieses Nachdenken über Gottes Liebe fühlt sich allerdings nur so lange gut an, solange man nicht über die Opfer nachdenkt. Denn unter der Bosheit eines Menschen müssen andere manchmal entsetzlich leiden. Könnten wir ertragen, wenn Gott zum Bösen sagt: „Ich liebe dich trotzdem"? Wird dadurch das Böse nicht verharmlost?

Hier stoßen wir auf einen Kern des christlichen Glaubens. Er versteht den unschuldigen Tod Jesu als stellvertretenden Tod für den Menschen, dessen Verhalten nichts als Strafe, Tod und Gottesferne verdient hätte. Die junge Kirche bezieht Prophetien aus dem Alten Testament, die einen leidenden ‚Gottesknecht' ankündigen, auf Jesus: „Aber er ist um unserer Missetaten willen verwundet und um unserer Sünde zerschlagen. Die Strafe liegt auf ihm, auf dass wir Frieden hätten, und durch seine Wunden sind wir geheilt" (Jes 53,5, aufgenommen in Mt 8,17). Damit können wir die Liebe Gottes noch genauer fassen: Sie ist nicht bedingungslos, sie schafft aber die Bedingungen selbst. So kann sie selbst den Menschen annehmen, der Unverzeihliches getan hat und neu mit Gott beginnen will.

Wenn Sie sich gelegentlich durch Selbstdarstellung schützen, dürfen Sie das uneingeschränkte Ja hören, das Gott über Ihrer Person ausspricht. Sie dürfen eine Zuwendung und ein Interesse spüren, die immer da sind, ganz gleich, ob Sie etwas zu bieten haben oder nicht. Dann finden Sie zu einer Echtheit, die Sie ganz neu für Gott und andere Menschen öffnet. Wie jeder Glaubensweg beginnt auch dieser Weg mit einer Umkehr.

Umkehren

Schon Jesus musste Glaubende mit der Tatsache konfrontieren, dass sie ein geschöntes Bild von sich und ihrem Glauben aufgebaut haben. Zu den Strenggläubigen sagte er: „Ihr gebt Gott den zehnten Teil von allem, sogar noch von Gewürzen wie Minze und Raute und von jedem Gartenkraut. Aber ihr kümmert euch nicht um das Recht eurer Mitmenschen und die Liebe zu Gott" (Lk 11,42; GNB). Und an anderer Stelle konfrontiert Jesus die Religionsgelehrten sogar auf diese Weise: „Ihr Heuchler! Ihr poliert eure Becher und Schüsseln außen auf Hochglanz, so wie das Gesetz es erfordert. Doch gefüllt sind sie mit dem, was ihr in eurer maßlosen Gier anderen abgenommen habt. Ihr blinden Verführer, reinigt eure Becher erst einmal von innen, dann werden sie auch außen sauber sein. Wehe euch, ihr Schriftgelehrten und Pharisäer! Ihr seid wie die gepflegten Grabstätten: von außen sauber und geschmückt, aber innen ist alles voll stinkender Verwesung. Ihr steht vor den Leuten als solche da, die Gott ehren, aber in Wirklichkeit seid ihr voller Bosheit und Heuchelei" (Mt 23,25-28; GNB).

> Gott kann die Würde, Schönheit und Zukunft jedes Menschen in einem einzigen Augenblick wiederherstellen.

Äußerlichkeiten schätzt Jesus nicht, wenn es an dem fehlt, was man erst auf den zweiten Blick sieht: Mitmenschlichkeit und Gottesliebe.

Die äußere Wirkung wird zum Betrug, wenn sie nicht das Innere widerspiegelt. Damit zeigt Jesus, woran die Selbstdarstellung krankt.

Was Jesus zu seinen frommen Zeitgenossen sagte, hat sein Botschafter Paulus universal formuliert: „Wenn ich prophetische Eingebungen habe, wenn mir alle Geheimnisse enthüllt sind und ich alle Erkenntnis besitze, wenn mir der Glaube im höchsten nur denkbaren Maß gegeben ist, sodass ich Berge versetzen kann – wenn ich alle diese Gaben besitze, aber keine Liebe habe, bin ich nichts. Wenn ich meinen ganzen Besitz an die Armen verteile, wenn ich sogar bereit bin, mein Leben zu opfern und mich bei lebendigem Leib verbrennen zu lassen, aber keine Liebe habe, nützt es mir nichts" (1. Kor 13,2-3; NGÜ).

In diesen Worten hören Sie vielleicht einen Ruf zur Umkehr: „Gott misst dich nicht an deinen guten Taten oder deinem religiösen Image, das du aufgebaut hast. Er misst dich daran, wie es in deinem Herzen aussieht. Und was du da vorfindest, sollte dich bescheiden machen."

> Äußerlichkeiten schätzt Jesus nicht, wenn es an dem fehlt, was man erst auf den zweiten Blick sieht: Mitmenschlichkeit und Gottesliebe.

Vielleicht wird eines der folgenden Gebete zu Ihrem Bußgebet.

- „Gott, ich bin dir einfach ausgewichen, wo es in meinem Glauben nicht gut funktioniert hat und wo ich dich gebraucht hätte. Stattdessen habe ich mich auf Gebiete konzentriert, die ich auch ohne dich gut hinbekomme. Vergib mir."

- „Ich habe mich toll gefühlt, weil ich mich in der Bibel auskenne und menschlich etwas reifer bin als andere. Dass ich aber oft ungeduldig und lieblos war, das hat mich nicht interessiert, dich aber bestimmt, Herr. Das tut mir leid."

- „Gott, ich habe immer heruntergespielt, wie es in meiner Ehe aussieht. Ich habe die Bewunderung genossen, die wir geerntet haben, wenn wir als Familie im Gottesdienst Musik gemacht haben. Und bestimmt hat es Luise schwer ertragen, dass so eine Kluft geherrscht hat zwischen meinem Auftreten in der Gemeinde und wie ich zu Hause war. Das hat dich bestimmt auch geschmerzt, Gott. Hilf mir, dass es hinter meinen Kulissen genauso gut aussieht wie davor."

- "Mein Gott, ich habe zugelassen, dass mich alle für toller halten, als ich bin. Eigentlich bin ich unsicher im Umgang mit anderen und weiß oft gar nicht, was in ihnen vorgeht. Das habe ich mit meiner überlegenen Art überspielt. Habe ich dadurch nicht tausend Gelegenheiten verstreichen lassen, in denen ich andere hätte lieben können? Oder in denen mir andere Liebe schenken wollten? Es tut mir weh, das zu sehen. Es tut mir leid, dass ich auch für deine Liebe verschlossen war."

Eine Umkehr darf mit einem kurzen Schmerz verbunden sein, der zu einer Richtungsänderung führt. Lassen Sie aber nicht zu, dass sich Gefühle von Scham oder Unzulänglichkeit festsetzen. Machen Sie sich stattdessen auf den Weg. Gott blickt Sie mit den Augen der Liebe an, die Ihren Wert und Ihre Möglichkeiten sehen.

Einen Zugang finden

Eine Liebesbeziehung zu Gott bleibt nicht ohne Auswirkungen auf unser Selbstbild und unser Lebensgefühl. Sie reicht in mancher Hinsicht tiefer als unsere menschlichen Beziehungen. Denn vor Gott können wir auch Gedanken, Neigungen und Handlungen offenbaren, die andere vielleicht überfordern würden. Außerdem trägt der Heilige Geist Gottes Liebe auch in tiefere Schichten unserer Persönlichkeit, die uns selbst kaum bewusst sind.

Wo wir in eine Liebesbeziehung zu Gott finden, prägt uns das. Wir können mehr Liebe geben und wir empfangen von anderen auch mehr Liebe. Positive Erfahrungen mit Menschen stärken umgekehrt auch unseren Glauben und erschließen uns immer tiefer, wie Gott liebt.

Wenn Menschen entdecken, dass Gott sie liebenswert findet, geschieht das auf ganz individuelle Weise.

Jesusliebe. Aus eigenem Antrieb hätte Frieder nie einen Stilletag gemacht. Aber in seinem Umfeld war das gerade angesagt. Freunde hatten begeistert davon berichtet. Also packte sich Frieder einen Rucksack, wanderte eine Stunde und ließ sich an einer Lichtung nieder. Die Stille machte ihn nervös. Was sollte er den anderen erzählen, wenn gar nichts passierte? Frieder blätterte planlos in der Bibel und blieb im Johannesevangelium hängen. Ihm fiel auf, dass dort Begegnungen, die Jesus mit verschiedenen Menschen hatte, ausführlich beschrieben sind. Er studierte diese Begegnungen und der Tag begann spannend zu werden. Jetzt konnte er eine interessante Entdeckung präsentieren.

Doch Frieder wurde immer weniger wichtig, wie andere seine Erfahrung sehen würden. Er fühlte sich in die Geschichten hineingezogen, die er las. Er spürte die Geduld Jesu, mit der er Menschen Dinge erklärte, die sie offensichtlich kaum verstanden. Er bewunderte, wie Jesus Menschen herausforderte. Er nahm auch wahr, wie sehr die Worte und das Verhalten von Jesus übereinstimmten. Frieder begann zu verstehen, dass Jesus sich ihm mit der gleichen Geduld und der gleichen herausfordernden Liebe zuwandte. Er fühlte sich Jesus nahe und zugleich ruhte er in sich selbst. Er und Jesus – was andere dachten, war in diesem Augenblick nicht wichtig. So intensiv erlebte Frieder dieses Gefühl später zwar nicht mehr, aber er kam immer wieder darauf zurück, wenn ihm zu wichtig wurde, wie andere ihn sehen.

Der Blick der Freude. Anja kam immer gut an, aber es fiel ihr sehr schwer, sich anderen zu öffnen. Deshalb waren es Testballons, die Anja fliegen ließ, wenn sie einmal etwas von sich zeigte: Wie reagiert eine Freundin oder ein Freund? Als sich Anja einer Kirchengemeinde anschloss, überwältigten sie die Reaktionen auf ihre Testballons: So viel Mitgefühl, Verständnis und Ermutigung hätte sie nicht erwartet, jedenfalls nicht dann, wenn sie auch die dunklen Seiten ihres Lebens zeigte oder ungute Gedanken offenbarte. Beflügelt von dieser Erfahrung wurde Anja authentischer, sie wollte den Menschen nichts mehr vormachen, die doch so viel von ihr wussten. Sie fühlte sich so lebendig und geliebt wie noch nie zuvor in ihrem Leben.

Anja bemerkte auch, wie sich ihre Vorstellung von Gott änderte: Wenn ihre Freunde schon so mitfühlend, verständnisvoll und aufbauend reagierten, sah Gott nicht mindestens genauso auf sie, wenn er sie mit einer vollkommenen Liebe liebte? Anja begann das zu glauben. Ihre Gebete wurden offener und inniger. Sie entdeckte zwar weiterhin Stellen in der Bibel, in denen ihr Gott ziemlich fordernd vorkam. Aber sie konnte sich immer besser an einer Überzeugung festhalten: „Erst einmal liebt mich Gott. Alles andere kommt danach, und was Gott wirklich von mir will, wird mir bestimmt noch verständlicher."

━━━━━━

Heiliges Scheitern. Hanno weiß bis heute nicht recht, wie es so weit kommen konnte. Sein Lebensweg führte von Erfolg zu Erfolg. Er schloss als einer der Besten am Theologischen Seminar ab. Er weckte schon immer viel weibliches Interesse und wählte die Frau aus, die seinen Dienst als Pastor am besten unterstützen konnte. Seine erste Kirchengemeinde war zerstritten, doch er gewann sie, für andere da zu sein. Das ließ die Gemeinde allmählich Konflikte überwinden und endlich wieder wachsen.

Seine nächste Herausforderung nahm Hanno als Pastor einer Großstadtgemeinde an. Dort waren gleich zwei einflussreiche Männer in einer Ehekrise. Eifersüchtig beobachteten sie, wie ihre Frauen bei Hanno Halt suchten. Sie kamen zu dem Schluss, dass Hanno ihren Frauen zu nah gekommen sei. Sie forderten von ihm, öffentlich Buße zu tun. Nach vergeblichen Klärungsversuchen zerstritt sich die Gemeinde über diese bizarre Frage und man legte Hanno nahe zu gehen.

Hanno verstand Gott nicht mehr. Soweit er sehen konnte, war nichts, aber auch gar nichts zwischen ihm und den beiden Frauen gelaufen. Hanno fühlte sich absolut wehrlos und gedemütigt. Er hatte nichts mehr, woran er seinen Wert und seine Identität festmachen konnte. Doch inmitten dieses Albtraums erlebte Hanno etwas, das seinen Glauben für immer veränderte. In seiner schlimmsten Verzweiflung überflutete ihn das Gefühl, von Gott geliebt zu werden, einfach weil er Hanno ist und weil Gott seine

Liebe und Treue zu ihm sah. Als er Gott am wenigsten zu bringen hatte, zeigte Gott ihm am intensivsten seine Liebe. Hanno fand sich in dem Unglücksmann Hiob des Alten Testaments wieder, der alles verlor, dann aber zu Gott sagen konnte: „Bisher kannte ich dich nur vom Hörensagen, doch jetzt habe ich dich mit eigenen Augen gesehen (Hiob 42,5; NLB)."

———

Träger einer Begabung. Es gab Momente, in denen sich Jurai selbst zuwider war. Denn im Gegensatz zu den anderen wusste er: Alles, was ihn beliebt machte, setzte er bewusst ein. Er hatte einen Hunger nach Bestätigung. Er wusste, wie man charmant auftritt, Komplimente macht und die Zuneigung anderer gewinnt. Viele sahen in Jurai die Verkörperung eines positiven Christseins. „Ich wäre gerne mehr wie du", hörte er häufiger, wenn andere in ihrer Jesusnachfolge weiterkommen wollten.

„Kapierst du denn gar nicht", hätte Jurai dann gerne aufgeschrien, „dass das alles eine Maske von mir ist, um geliebt zu werden?" Auch Gott gegenüber fühlte sich Jurai manchmal wie ein Schauspieler. Das änderte sich erst, als er eine verwirrende Entdeckung machte. Eine seiner Gaben blieb von anderen unbemerkt: Er brachte Menschen zusammen. Wenn er Leute einlud oder zu einem Treffen mitbrachte, entstanden immer wieder eine Freundschaft, Gebetspartnerschaft oder sogar eine Liebesbeziehung. Kaum einem fiel auf, dass es Jurai war, der sie zusammengebracht hatte. Was anfangs ohne seine Absicht geschah, machte er bald aus einem liebevollen Kalkül: Jurai stiftete Beziehungen.

Manchmal schmerzte es Jurai, dass andere ausgerechnet das nicht bemerkten, was er zutiefst gut an sich fand. Doch im Grunde war er froh, denn die Bestätigung hätte vielleicht seine Gabe verdorben. Jurai spürte hier, dass er Gott wichtig ist. Oder vielleicht müsste er besser sagen: In dieser Erfahrung konnte er die Bedeutung spüren, die er für Gott auch dann hatte, wenn er ihm gar nichts zu bringen hätte. Jurai beobachtete, wie er seinen Charme nicht mehr so gezielt einsetzte. Er wurde allmählich ein ganz normales Glied seiner Kirchengemeinde, was er nur selten bedauerte. „Je weniger von dir erwartet wird", vertraute Jurai einem Freund an, „desto freier bist du auch."

Wie Sie in den Beispielen sehen, zeigt Gott Menschen auf unterschiedlichen Wegen, dass sie liebenswert sind. Immer lenkt Gott ihre Sehnsucht nach Wirkung in eine neue Richtung. Er lädt Menschen ein, sich mit dem zu zeigen, was ihr Wesen im Tiefsten ausmacht: mit ihren wahren Gefühlen, Überzeugungen, Sehnsüchten und Zielen. Damit kommen Glaubende nicht nur Gott näher, sondern finden auch zu einer tieferen Liebe gegenüber anderen Menschen.

Sich beheimaten

Vom Gipfel besonderer Glaubenserfahrungen steigen wir irgendwann wieder in das Tal unseres Alltags herab. Dort verlieren wir leicht, was wir empfangen haben, und es stellen sich schnell wieder alte Denk- und Verhaltensweisen ein. Daher brauchen unsere Schlüsselerfahrungen eine Verankerung im Alltag.

Wie können Sie sich auf die lebensverändernde Wahrheit stellen, dass Sie geliebt und zutiefst liebenswert sind? In diesem Abschnitt zeige ich Ihnen, wie Jesus diese Wahrheit im Leben seiner Schüler verankert hat, und zeige Ihnen Wege, wie auch Sie das tun können.

Der Evangelist Lukas berichtete, wie Jesus seinen Schülern einen besonderen Auftrag gibt. 72 Männer ziehen in 2er-Teams in die umliegenden Ortschaften. Sie sollen dort ausrufen, dass Gott in der Welt auf neue Weise wirksam wird. Und diese Wirklichkeit sollen sie auch gleich sichtbar machen, indem sie den Menschen dort dienen und zum Beispiel Kranke heilen. Die Jünger kommen von ihrem Einsatz begeistert zurück. Sie berichten Jesus von ihren Erfolgserlebnissen: „Herr (...) sogar die Dämonen müssen uns gehorchen, wenn wir uns auf deinen Namen berufen." (Lk 10,17; NGÜ). Die Schüler haben erlebt, wie Menschen von quälenden Kontrollverlusten befreit wurden. Nun antwortet Jesus etwas Überraschendes: „Doch nicht darüber sollt ihr euch freuen, dass euch die Geister gehorchen. Freut euch vielmehr, dass euer Name im Himmel aufgeschrieben ist" (Lk 10,20; NGÜ).

In heutigen Worten können wir dieses Jesuswort vielleicht so ausdrücken: „Macht euren Wert und eure Identität bloß nicht an euren Erfolgen im Glauben fest. Ihr gehört zu Gott, seid von ihm angenommen und geliebt. Freut euch darüber. Für ihn habt ihr eine ewige Bedeutung, in ihm habt ihr eine Zukunft, die ganz unabhängig davon ist, was ihr erreicht."

Denn bald müssen die Jünger auch mit Misserfolgen umgehen. Sie können einem besessenen Jungen nicht helfen (Mk 9,14-18) und werden in einem Dorf einfach abgewiesen (Lk 9,51-53).

> Selbst die Schwäche von Menschen sieht Gott mit einem Blick der Liebe an, der sich nie abwendet.

Stattdessen offenbart Jesus eine ganz andere Quelle von Bedeutung, Wert und Identität: „Wer an mich glaubt, so wie die Schrift sagt, von dessen Leib werden Ströme lebendigen Wassers fließen" (Joh 4,38-39; NGÜ). Damit meint Jesus die Anwesenheit und Wirkung des Heiligen Geistes tief in unserer Persönlichkeit. Jesus beschreibt eine Verbindung, wie sie tiefer nicht möglich ist. Paulus, der diese Lehre Jesu theologisch entfaltet, schrieb, dass unser Körper ein „Tempel des Heiligen Geistes" ist (1. Kor 6,19; L17). Manche Glaubende spüren diese Anwesenheit Gottes, wenn sie sich glaubend darauf konzentrieren.

In der Sprache ihrer Zeit beschrieb das zum Beispiel die Diakonisse Eva von Tiele-Winckler (1866–1930): „Augenblick für Augenblick wird der Gesalbte einen Tropfen dieses heiligen Öls empfangen, das, Licht und Weisung gebend, jeder Unruhe wehrt und Wandel und Wesen in Harmonie hält. (...) Je mehr sich ein Herz dem Herzen Jesu öffnet, je mehr es sich dem stillen, heiligen Einfluss des Geistes beständig erschließt, desto ununterbrochener und desto reicher wird diese Salbung sein."[2] Diese Erfahrung zeigt, wie tief sich Gott mit Menschen verbindet und welche Bedeutung er ihnen dadurch schenkt.

Selbst die Schwäche von Menschen sieht Gott mit einem Blick der Liebe an, der sich nie abwendet. In besonderer Weise demonstriert das Jesus, als er nach seiner Auferstehung seinem Schüler Petrus erscheint. Als Jesus verhaftet wurde, kam auch Petrus in Gefahr: Dreimal stritt er ab, Jesus zu kennen. Dreimal fragt Jesus ihn später: „Liebst du mich?" In unübertrefflich taktvoller Weise bringt Jesus ans Licht, wofür sich

---

2 Eva von Tiele-Winckler (1991): Geisteswirken im täglichen Leben. St.-Johannis-Druckerei, Lahr-Dinglingen, S. 38.

Petrus schämt und schuldig fühlt. Daraufhin beauftragt ihn Jesus mit der Leitung der jungen Kirche: „Weide meine Schafe!" (Joh 21,15-17; L 17). Petrus bewährt sich als mutiger Leiter, wie wir in der Apostelgeschichte nachlesen können.

Wie aber wurzeln die Wahrheiten dieses Kapitels in Ihrer Persönlichkeit? Dafür hat die christliche Tradition Hilfen gefunden. Vier davon stelle ich Ihnen vor.

Aufmerksam sein – mit den Augen des Glaubens sehen. Ob wir die Welt so wahrnehmen, wie sie uns als Menschen vor Augen tritt, oder ob wir in ihr Gottes Wirken wahrnehmen, macht für unser Leben einen Unterschied: Die Augen des Glaubens entdecken immer Zeichen von Gottes Liebe. Sie nehmen seine Zuwendung in einem tröstlichen Moment wahr. Sie erblicken hinter schönen Erlebnissen das Wohlwollen Gottes, der diese Erfahrungen schenkt.

Glaubende lenken ihre Aufmerksamkeit immer neu auf die Zuwendung und die Kräfte Gottes in ihrem Leben. So nehmen sie wahr, was ihnen leicht entgangen wäre:

- Unser Selbstwertgefühl mag am Boden liegen, doch das Auge des Glaubens sieht in uns die Person, die Gott nach seinem Bild geschaffen hat: wunderbar und mit einem unendlichen Potenzial.
- Wir mögen uns schämen, weil etwas nicht gut läuft in unserem Leben. Doch der Glaube sieht schon Gottes Vergebung und wie Gott uns aus der Verlegenheit herausführen wird.
- Wir mögen Angst haben vor dem, was uns begegnet, wenn wir ruhig werden und uns unserer inneren Welt stellen. Doch der Glaube nimmt wahr, dass wir dabei nie alleine sind: Jesus wartet in unserem Inneren schon auf uns und sein Licht scheint bereits in uns, wo manches noch trüb und dunkel ist.

Wenn wir unsere Aufmerksamkeit schulen, sehen wir immer deutlicher, wie Gott in uns und unserem Alltags gegenwärtig ist. Das führt auch zu einer Freude an uns selbst, die es uns leicht macht, uns so anzunehmen und zu zeigen, wie wir nun einmal sind. Das werden wir umso öfter erleben, je mehr wir von der Wirklichkeit Gottes wissen. Dabei hilft der zweite Zugang.

Betrachten (Kontemplation). Dabei betrachten Glaubende einen Bibeltext so lange, bis sich die Wirklichkeit zeigt, auf die das Wort verweist. Sie ziehen sich zurück und schirmen sich von Ablenkungen ab. Sie konzentrieren sich betend auf ein Bibelwort, versuchen aber nicht, das Wort mit dem Verstand zu erfassen. Stattdessen setzen sie sich dem Wort vertrauensvoll aus, um sich von diesem erfassen zu lassen.

Manchmal hilft dabei unsere Fähigkeit, uns Dinge bildlich vorzustellen und uns in diese Vorstellung zu vertiefen. So könnten Sie sich vor Augen führen, wie Gott Ihren Namen im Himmel aufgeschrieben hat oder Ihr Körper ein heiliger Wohnort für den Geist Gottes ist. Bei solchen Bildern verweilen Glaubende dann betend. Sie lassen zu, dass sich die Bilder vor ihrem inneren Auge ein wenig verändern. So könnte Gott nicht nur den Namen aufschreiben, sondern all das, worüber er sich in Ihrem Leben freut und was er noch mit Ihrem Leben vorhat. Dabei offenbart der Geist Gottes tiefere Wahrheiten. Er hilft auch, dass Wahrheiten vom Kopf ins Herz finden.

Manchmal schweift die Fantasie allerdings ab. Sie zieht uns in bizarre Bilder hinein, wie es auch in unseren Träumen geschieht. Glaubende, die sich in der Kontemplation üben, folgen solchen Bildern nicht. Sie ergründen auch

> In einem Bekenntnis drückt sich der Glaube aus, dass die unsichtbare Wirklichkeit des Glaubens stärker ist als die Realität unserer Lebensumstände.

nicht deren unbewusste, symbolische Bedeutung, sondern lenken ihre Aufmerksamkeit einfach wieder zu dem Bild zurück, wie es das Bibelwort nahelegt.

Kontemplation ist gleichermaßen aktiv und passiv. Aktiv ist sie, wo sie sich von anderen Reizen abschirmt und sich auf ein Bibelwort konzentriert. Passiv ist sie im Hinblick darauf, was in der Begegnung mit dem Wort geschieht und auf welche Weise sie in die Wirklichkeit hineingezogen wird, die das Wort ausdrücken will.

Was Glaubende erkannt haben, müssen sie in ihrem Alltag manchmal behaupten. Denn dieser konfrontiert sie mit seinen eigenen Wirklichkeiten. Dabei hilft der dritte Zugang.

Bekennen (Proklamation). Ein Bekenntnis ruft die Wirklichkeit Gottes aus, auch wenn meine menschliche Wirklichkeit das Gegenteil dessen ist, was die Einladung von Jesus verspricht. Wo meine Stimmung von Erfolgen und Misserfolgen abhängig ist, da spreche ich aus: „Meine Freude und mein Lebensgefühl ist, dass du bei mir bist, Gott!" Wo ich gerade nichts bewegen kann, bekenne ich: „Jesus sagt auch zu mir: ‚Weide meine Schafe', wo ich eine Leitungsverantwortung übernommen habe. Und ich sage: ‚Du weißt, dass ich dich liebe' (Joh 21,15-17). Das ist die Grundlage, auf die ich alles stelle."

In einem Bekenntnis drückt sich der Glaube aus, dass die unsichtbare Wirklichkeit des Glaubens stärker ist als die Realität unserer Lebensumstände. Viele Glaubende erleben genau das, wenn sie sich zu einer Wirklichkeit bekennen, für die sich Jesus verbürgt hat. Plötzlich verspüren sie eine innere Freude, obwohl ihnen Erfolge und Bestätigung fehlen. Unerwartet entdecken sie im Lieben und Geliebtwerden das Wesentliche ihres Lebens.

Glaubende verdrängen dabei die dunklen Seiten ihres Lebens nicht. Sie ziehen vielmehr die Wirklichkeit Gottes in ihr ganzes Leben hinein. Die Praxis der Proklamation versucht daher nicht, vor der Realität zu fliehen. Im Gegenteil: Sie kann sich der Realität stellen, weil sie um die Realität Gottes weiß, die jeden Bereich des Lebens mit Liebe, Barmherzigkeit und Hilfe umfasst.

In manchen Traditionen glaubt man, dass ein Bekenntnis mehr bewirkt, wenn es vor anderen Menschen ausgesprochen wird. Warum sollten Glaubende nicht auch zu dem stehen, wovon sie überzeugt sind? In manchen Situationen würde ein Bekenntnis aber aufdringlich oder befremdend wirken. Wer dann fürchtet, dass sein Festhalten an Gott nichts gilt, wenn er es nicht kundtut, der setzt sich selbst unter Druck. Wo geistliche Hilfen zur Methode werden, von der man nicht abweichen darf, ist man dem magischen Denken näher als einem lebendigen Gottvertrauen.

> Der Stachel Selbstdarstellung formt sich aus, wenn Kinder einen Mangel an bedingungsloser Liebe erfahren.

Aufmerksam-Sein, Betrachten und Bekennen öffnet unseren Alltag für die Wirklichkeit Gottes. Ein vierter Zugang fehlt noch: das Aufbrechen – ein Handeln im Glauben, das im Vertrauen auf Gott etwas wagt und dadurch in seine Wirklichkeit hineintritt.

(Die Anfangsbuchstaben der vier Zugänge – Aufmerksam-Sein, Betrachten, Bekennen und Aufbrechen – verbinden sich zu ABBA, einem aramäischen Kosewort für ‚Vater‘, das Jesus für Gott verwendet hat. Diese Merkhilfe können Sie einsetzen, wenn Sie sich die vier Zugänge in Erinnerung rufen wollen.)

Das Aufbrechen beschreibe ich weiter unten noch ausführlicher. Zunächst finden Sie hier weitere Bibelstellen, die Ihnen helfen, sich Ihren Wert und Ihre Bedeutung von Gott schenken zu lassen. Vielleicht entdecken Sie beim Bibellesen noch ganz andere Worte, die Ihnen in diesem Zusammenhang noch mehr bedeuten. Dann nutzen Sie gerne diese, um mit ihnen in die Wirklichkeit Gottes einzutreten.

- Lk 18,18-19 – ein geheimnisvolles Wort Jesu, das mit der Bescheidenheit Jesu in Berührung bringt;
- Joh 15,14-15 – ein Bild für die tiefe Zusammengehörigkeit von Jesus und seinen Anhängern, die auch noch nach seinem Tod und seiner Auferstehung gilt;
- Röm 12,3-8 – Bilder einer innigen Verbindung und Zusammenarbeit mit Jesus;
- Mt 18,1-5 – Jesus stellt ein Kind als Vorbild im Glauben hin;
- Eph 1,18 – ein gutes Gebet für eine göttliche Sicht auf das eigene Leben;
- Eph 6,5-9 – ein guter Tipp, nicht nur für Sklaven und Sklavenhalter: nicht Menschen gefallen wollen, sondern Gott gefallen, der die Herzen sieht (ähnlich auch in Kol 3,22-25).

Aufbrechen

Wie drückt sich ein Glaube praktisch aus, der sich der Liebe Gottes sicher ist, unabhängig davon, was Sie tun, leisten oder verkörpern? Mit folgenden Schritten treten Sie immer neu in diese Wirklichkeit ein.

Nehmen Sie im Glauben Hilfe an. Hindert Sie Ihre Souveränität manchmal, da Hilfe zu finden, wo Sie sie am meisten benötigen? Dann überwinden Sie einen Moment der Scham und lassen sich von einer Ermutigung oder Unterstützung berühren. Manchmal wird Ihnen Gott diese persönlich schenken. Vertrauen Sie sich Gott mit dem an, was Sie drückt, und überlassen Sie es ihm, welche Art von Zuwendung er Ihnen schenkt. Prüfen Sie dabei Ihre Motive: Spannen Sie Gott nicht ein, nur damit Sie wieder souverän sind und alles bestens läuft. Lassen Sie vielmehr Gottes Gemeinschaft zu, wenn Sie einmal schwach, hilflos oder ergänzungsbedürftig sind. Manchmal wird Gott einen anderen Menschen gebrauchen, um Sie zu unterstützen oder zu ermutigen.

Prüfen Sie einen Aufstieg. Fallen Ihnen häufig neue Projekte, besondere Chancen oder erfolgversprechende Beziehungen zu? Ihr Erfolg ist vielleicht mit mehr Geld und Einfluss verbunden. Mit alledem können Sie Gott vielleicht besser dienen. Aber möglicherweise nimmt Sie Ihr Aufstieg gefangen, sodass Ihnen bald die Zeit und innere Ruhe fehlen, um so zu leben, wie es Ihren Überzeugungen entspricht. Dann überprüfen Sie: Wollen Sie ein Opfer bringen und auf den Aufstieg verzichten? Ihre Liebe zu Gott wird sich vergrößern – denn wo wir unseren Einsatz bringen, daran hängt unser Herz. Zugleich werden Sie empfänglicher für Gottes Liebe. Wenn Glaubende eine Aufstiegsmöglichkeit geopfert haben, empfinden Sie manchmal eine Freude und Leichtigkeit, die an das Verliebtsein erinnert.

Machen Sie sich im Namen Jesu unbeliebt. Der Glaube gibt Ihnen viele Gelegenheiten, in denen Sie einmal ein schlechtes Bild abgeben können: für einen Wert einstehen, wo andere es nicht so genau nehmen; wahrhaftig sein, wo andere Ihnen Unaufrichtigkeit nahelegen; einem Außenseiter beistehen; eine Erwartung enttäuschen, die Sie von Ihren Prioritäten wegführen würde. All das hat Jesus vielfach gemacht und hat dafür Kritik, Zurückweisung und Spott auf sich gezogen. Wenn sich Glaubende im Namen Jesu unbeliebt machen, hat das drei Auswirkungen: sie verlieren falsche Sympathien, sie gewinnen echte Freunde und sie werden sich immer sicherer, dass sie zu Gott gehören.

Suchen Sie Orte, an denen Sie niemanden beeindrucken können. Zum einen sind das die Zeiten, die Sie in guter Weise alleine verbringen. Man kann auch eine Beziehung zu sich selbst haben. Diese baut sich auf, wenn Sie ab und zu einmal in sich hineinhorchen, spüren, wie es Ihnen wirklich geht, was Sie brauchen, wohin es Sie zieht. Wenn Sie glauben, wird sich Ihr Inneres für Gottes Fürsorge und Wegweisung öffnen. Ein zweiter positiver Ort für Sie ist die Gemeinschaft mit Menschen, die Sie nicht beeindrucken können, weil sie Ihre Selbstdarstellung durchschauen. Vielleicht sind Ihnen solche Menschen etwas unheimlich. Doch wenn Sie die Gelegenheit dazu haben, dann verbringen Sie auch einmal Zeit mit ihnen. In einer Freundschaft, in der nichts als Ehrlichkeit zählt, sind Glaubende persönlich und in ihrem Glauben schon sehr gewachsen.

Der Stachel Selbstdarstellung formt sich aus, wenn Kinder einen Mangel an bedingungsloser Liebe erfahren. Auch der Stachel Grenzen überschreiten, dem wir uns im nächsten Kapitel zuwenden, wurzelt in einer Mangelerfahrung.

Wenn Glaubende
Grenzen überschreiten

- Spannen Sie Gott manchmal vor Ihren Karren?
- Nehmen Sie ab und zu Dinge in Angriff, die Sie besser Gott überlassen sollten?
- Wenn Gott Sie warten lässt, suchen Sie sich Erfüllung und Erfolg manchmal woanders?

Dann könnten Grenzüberschreitungen der Stachel Ihres Glaubens sein.

Glaubende sind überzeugt: Alles Gute kommt von Gott, nicht nur die übernatürlichen Erfahrungen, sondern auch die Umarmung eines lieben Menschen, das Glück eines Spaziergangs im Park und die Faszination, die uns ergreift, wenn wir etwas von der Welt verstehen. Doch nicht alles, was unsere Bedürfnisse stillt, tut uns auch gut. Nicht jedes Mittel, das uns unseren Zielen näher bringt, ist fair. Unser Glaube setzt unserer Bedürfnisbefriedigung daher Grenzen. In manchen Lebenssituationen fällt es aber schwer, an diesen Grenzen stehen zu bleiben:

- wenn uns einmal die Freude verloren geht und wir bedrückt sind;
- wenn uns Menschen enttäuschen, die uns wichtig sind, oder wenn uns die Nähe zu einer vertrauten Person fehlt;

- wenn sich Herzenswünsche nicht erfüllen oder ein Ziel immer weiter in die Ferne rückt;
- wenn wir im Glauben Wüstenzeiten erleben und uns die erfrischenden Begegnungen mit Gott fehlen.

> Nicht alles, was unsere Bedürfnisse stillt, tut uns auch gut. Unser Glaube setzt unserer Bedürfnisbefriedigung Grenzen.

Dann könnten Glaubende versucht sein, andere unter Druck zu setzen, damit diese ihre Wünsche erfüllen. Sie könnten ihre Energie verstärkt auf Erlebnisse richten, die ihnen einen Kick geben, oder auf Karriereschritte, die ihren Einfluss oder ihren sozialen Status erhöhen. Doch dadurch entfernen sich Glaubende von sich selbst und von Gott.

Doch nicht nur Mangel, sondern auch Verantwortung kann uns unter Druck setzen. Auch wenn wir mit einer Verantwortung alleine dastehen, könnten wir andere verstärkt beeinflussen. Doch Liebe nimmt anderen niemals ihre Freiheit.

Wer aber loslässt, wo nur noch unfaire Mittel bleiben, braucht Gottvertrauen: Sorgt Gott für mich? Erreicht mich seine Hilfe, wo ich mit einer Verantwortung alleine dastehe? Hat er gute Wege für mich, auch wenn andere nachlässig sind und ich dadurch zu kurz komme?

Die folgenden Beispiele zeigen, wie sich Glaubende vor Mangelerfahrungen schützen und dabei Grenzen überschreiten.

Sich nehmen, was Gott noch nicht gibt

Gott vor den eigenen Karren spannen. Sven hat klare Ansichten. Es gibt kaum eine Frage, zu der er keine Überzeugung hat. Schließlich findet sich in Gottes Wort die Antwort auf alle Lebensfragen. Die Schwermut seiner Mutter sieht Sven darin begründet, dass sie zu sehr um sich selbst kreist. „Engagiere dich irgendwo", rät Sven. „Tu etwas, das Gott Freude macht. Das füllt dich dann auch mit Freude." Sven nervt seine Kollegen: „Ehrlich sein, das Beste für unsere Kunden rausholen, dann kommt der Erfolg. Das ist ein geistliches Prinzip." Kürzlich hat sich Sven befreundet. Nina hat sich von Svens

Klarheit angezogen gefühlt und auch von seiner Entschlossenheit im Glauben. Gerne hat sie für ihn ihren Kleidungsstil geändert, den Sven zu freizügig fand. Als er aber Ninas Gemeinde als „unbiblisch" beurteilt hat, da hat sich ein Zweifel in Ninas Verliebtheit gemischt. Wird Sven sie im Glauben voranbringen? Oder wird er sie einengen? Wird sie mit ihm glücklich werden oder wird sie sich für die Beziehung verbiegen müssen und sich verlieren?

Sven hat sich den Glauben in einer Weise einverleibt, die zu seinem Charakter passt. Er fühlt sich am sichersten, wenn er Menschen führen und das Geschehen bestimmen kann. Doch ist Gott wirklich ein Gegenüber für Sven, mit dem er seine Gedanken und Sehnsüchte teilt und von dem er Leitung und Korrektur erfährt? Gott scheint eher die Bestätigung dafür zu liefern, was Sven intuitiv für gut und richtig hält. Das geht zu weit.

———

Bedürfnisse jenseits der eigenen Werte stillen. Katja fühlt sich seit Jahren unerfüllt. Sie hat zwar einen Beruf, der sie befriedigt, interessante Hobbys und einen großen Freundeskreis. Aber den Mann fürs Leben hat sie noch nicht gefunden. Katjas Freundinnen haben Familie oder sind beruflich eingespannt. Mit ihnen kann Katja ihr Leben nicht so teilen, wie es ihr entsprechen würde.

Dann begegnet ihr Thomas. Vom ersten Moment an spürt Katja, dass mit ihm nicht mehr als eine Affäre möglich ist. Thomas ist ungeheuer charmant und intensiv in allem, was er sagt und tut. Aber in seinen Werten, seiner Lebensausrichtung und seinem Charakter ist er weit von dem Mann entfernt, mit dem Katja eine Familie gründen und alt werden möchte. Außerdem belächelt Thomas den Glauben. Katja hat sich nicht bewusst für die Affäre mit Thomas entschieden, sie ist eher hineingerutscht. Ihre Gefühle fahren Achterbahn. Oft zweifelt sie. Dann denkt sie wieder: „Ich brauche das jetzt einfach." Sie hofft, dass Gott vielleicht doch etwas vorhat mit dieser Beziehung. Katja fällt auf, dass sie sich von ihren Freundinnen entfremdet. Manchen verheimlicht sie Thomas. Anderen kann sie ihr neues Leben nicht richtig verständlich machen. Ihre Gebete werden von einem Thema beherrscht: Thomas.

Um ihren Mangel zu stillen, hat Katja eine Quelle gewählt, die ihren Durst nicht stillt. Hätte sie ihren Mangel nicht auf Gott richten und die Quellen des Glaubens auf eine ganz neue, tiefere Weise erschließen können? Das hat Katja getan, als sie schließlich die Beziehung zu Thomas beendet hat.

———

Macht über das Gewissen anderer ausüben. „Ach, schade." Gabi blickt Jessica mit enttäuschter Miene an. „Der Kindergottesdienst ist in diesem Jahr schon dreimal ausgefallen. Irgendwann bleiben die Kinder weg." Jessica ringt mit sich. Gabi schweigt und schaut sie an.

„Ich habe das Gefühl, dass ich den Anschluss verliere", erklärt sich Jessica, „wenn ich die Predigt verpasse und nach dem Gottesdienst erstmal noch bei den Kindern bin."

„Ich kann dich ja verstehen", behauptet Gabi. „Aber überleg doch: Was ist das für eine Freude, Gottes Wort zu den Kindern zu bringen und über die Jahre zu sehen, wie sein guter Same in ihren kleinen Herzen aufgeht? Klar, wir bringen Opfer, aber werden wir selbst dabei nicht umso mehr beschenkt?"

Was soll Jessica da noch einwenden? Sie sagt ihren Einsatz zu. Für einen Moment kommt es ihr sogar so vor, als würde Gott durch Gabi zu ihr reden und sie zum Engagement ermutigen. Aber bald fühlt sie sich unwohl und gefangen, wenn sie nur an den Kindergottesdienst denkt.

Darf Gabi so auf Jessicas Gewissen einwirken? Weil unser Gewissen ein sehr empfindsamer Teil unserer Persönlichkeit ist, darf nur Gott selbst zu unserem Gewissen sprechen, auch wenn es manchmal die Worte anderer sind, mit denen Gott an unser Gewissen rührt. Wer aber das Gewissen eines anderen beeinflusst, der geht zu weit.

Wo Gott zum Gewissen von Menschen spricht, geschieht das außerdem in einer Atmosphäre von Liebe und Freiheit, auch wenn Gott zuweilen sehr herausfordert. Gabi dagegen übt Druck auf das Gewissen aus und genau so fühlt sich Jessica auch: unwohl, eingeengt und unter Druck. Gabi will das Gute erzwingen, sie nimmt Jessica ihre Entscheidungsfreiheit und überschreitet damit eine Grenze. Dass Gabi dafür Glaubensargumente hat, macht es Jessica fast unmöglich, die Grenzüberschreitung als solche zu erkennen.

Auch wenn es Sven, Katja und Gabi gut meinen, alle drei sind in Gefahr, zu weit zu gehen, um das zu bekommen, was sie sich wünschen. Wer einem Mangel nicht vertrauensvoll standhält, wird in seiner Gottesbeziehung unsicher. Denn intuitiv spüren Glaubende, dass sie sich mit jeder Grenzüberschreitung von Gott entfernen.

Der Schutzmechanismus der Grenzüberschreitung hat eine lange Geschichte. Manche Kinder haben erlebt, dass ihre Bedürfnisse und Interessen übergangen wurden. Manchen Kindern wurde viel Verantwortung übertragen, sie wurden darin aber nicht genug unterstützt und nicht vor Überforderung geschützt. Manche Kinder reagieren darauf energisch: „Wenn ich bestimmend genug auftrete, dann finde ich die Unterstützung, die ich brauche. Ich muss selbst zugreifen, damit ich nicht zu kurz komme."

Glaubende mit dieser Prägung übertragen ihre Kindheitserfahrung später auf Gott: „Er lässt mich mit einem Mangel oder einer Verantwortung allein." Dieses Gefühl kann auch dann aufkommen, wenn man vom Kopf her fest von Gottes Fürsorge und Hilfe überzeugt ist. Woran wir im Tiefsten glauben, können wir am besten an unseren Gefühlen ablesen.

> Dem wunden Punkt von Mangel und Überverantwortlichkeit entspringt die Sehnsucht nach einer idealen Gemeinschaft.

Jeder Glaubende hat leichte Verzerrungen in seinem Gottesbild, die mit seinen frühen Lebenserfahrungen zusammenhängen. Glaubende, die Grenzen überschreiten, erleben Gott manchmal als abwesend. Deshalb nehmen sie die Dinge selbst in die Hand. Auf einer tiefen, unbewussten Ebene kann ihnen Gott sogar schwach vorkommen, als ob er es nicht so genau nähme, und gerne mal ein Auge zudrücken. Häufig erleben Glaubende mit dem Stachel Grenzen überschreiten Gott auch als etwas starr und wenig zugewandt. Dann weichen Glaubende lieber ab und zu einmal aus, um selbst für sich zu sorgen.

Unsere Gefühle bestimmen auch, wie wir uns in einer Glaubensgemeinschaft verhalten. Dem wunden Punkt von Mangel und Überverantwortlichkeit entspringt die Sehnsucht nach einer idealen Gemeinschaft – einem Ort, an dem man aufeinander achtet, einander liebt und unterstützt. Das kann zu folgenden Höhepunkten und Tiefpunkten im Glauben führen.

Auf der Suche nach idealer Gemeinschaft

Sabrina ist neu in der Stadt. Es gibt hier eine bunte Vielfalt von Kirchen. Sabrina besucht einen Gottesdienst der evangelischen Kirche. Die Musik und Liturgie sprechen sie an. Die Predigt ist hier kurz, aber tiefsinnig, der Pfarrer wirkt freundlich, klug und ein wenig distanziert. Den Gottesdienst besuchen nur wenige Menschen, die in Sabrinas Alter sind. Die aber wirken nett und gebildet. Sie sprechen Sabrina an und verwickeln sie in ein angenehmes Gespräch. Sabrina könnte sich hier im Chor engagieren, aber auch im Kindergottesdienst oder im Asylkreis.

Für den nächsten Sonntag hat Sabrina eine Freikirche ausgewählt. Dort geht man herzlich miteinander um. Viele umarmen sich bei der Begrüßung. Eine Frau, die psychisch etwas angeschlagen wirkt, umarmt sogar Sabrina. Eine Band begleitet die Lieder, eine attraktive Frau in Sabrinas Alter singt. Zwischen den Liedern haucht sie Gebete, die zu Herzen gehen. Sabrina spricht das an. In der Predigt scheint der Pastor direkt in ihr Leben zu sprechen. Keine der 45 Minuten langweilt sich Sabrina. Sie notiert sich gleich Dinge, die sie zu Hause umsetzen will.

Im Gewimmel des anschließenden Kirchencafés geht Sabrina fast unter, sie muss sich selbst einen Gesprächspartner suchen. Aber sie spürt, dass hier viele miteinander befreundet sind und intensive Gemeinschaft leben. Sabrinas Entscheidung ist gefallen. Hier wird sie bleiben.

Vielleicht ist Ihnen aufgefallen, durch welche Brille Sabrina den Gottesdienst sieht: Ihr sind Nähe, Wärme und intensive Gemeinschaft wichtig und ein Glaubensleben, das für den persönlichen Alltag relevant ist. Sabrina sehnt sich nach einer Gemeinschaft, in der sich Grenzen öffnen und ein intensives Miteinander möglich ist.

Die neue Gemeinde hat eine Prägung, die Sabrinas Sehnsucht nahe kommt. Unter Christsein versteht man dort vor allem eine Gemeinschaft, in der Liebe konkret wird und einer den anderen auf seinem Weg mit Gott unterstützt.

Doch auch herzliche, offene Menschen sind erst einmal Fremde. Jeder hat seine eigene Persönlichkeit und Glaubensgeschichte. Kann man diese Unterschiede so schnell überwinden? Außerdem haben auch nette Menschen ihre Macken, auf die man umso heftiger stößt, je schneller man sich auf Nähe einlässt.

Bald macht Sabrina Erfahrungen, mit denen sie nicht gerechnet hat. Zwei Frauen, deren Freundschaft sie sich schon sicher glaubte, zeigen immer weniger Interesse. Eine andere Frau teilt ihre Sorgen in langen Gesprächen mit, kommt aber kaum auf die Idee, auch Sabrina einmal zuzuhören. Sabrina hält das irgendwann nicht mehr aus und zieht sich von ihr zurück. Die nächsten Begegnungen in der Gemeinde sind peinlich.

Sabrina hadert mit Gott: „Hast du keinen Platz für mich in dieser Gemeinde? Du siehst doch, was mir fehlt. Oder war es falsch, mich hier anzuschließen?" Wo Sabrina auf schöne Beziehungen gehofft hat, steht sie nun mit einem Mangel da. Das stellt auch ihren Glauben auf die Probe.

Eine Weile geht Sabrina offensiv vor. Sie geht auf Frauen zu und lädt diese ein. Sie spricht offen an, dass sie enttäuscht ist von einer Kirche, in der so oft von Gemeinschaft geredet, die aber so wenig gelebt wird. Doch die Frauen reagierten, als ob Sabrina sie damit unter Druck setzen würde.

In ihrer Enttäuschung hätte Sabrina beinahe Elke übersehen. Dieses stille Wesen, fünf Jahre jünger als Sabrina, macht sich beinahe unsichtbar. Eines Sonntags spricht Sabrina sie an und fragt, ob sie neu hier sei. Elke klärt sie auf, dass sie schon seit Jahren zu dieser Gemeinde gehöre. Heute ist Elke Sabrinas beste Freundin vor Ort. Ihr gemeinsames Gebet ergibt sich so natürlich aus ihren Begegnungen, als könnte ein Treffen nicht anders enden.

Heute denkt sich Sabrina: „Ich hätte in der Gemeinde erst mal Gott suchen sollen und dann vertrauen, dass er mich auch mit dem versorgt, was ich als Mensch brauche."

Was Sabrina erlebt hat, kann sich auch in anderer Weise abspielen.

Dynamisch Glaubende kommen rasch in einer Gemeinde an und engagieren sich. Sie lernen viele Menschen kennen, Freundschaften entstehen. Doch bald fühlen sie sich in ihrem Engagement ausgebremst, weil andere am Gewohnten festhalten. Aus dem Miteinander wird ein Ringen um Veränderung, das einerseits frustriert, andererseits die Beziehungen angreift.

Besonders wenn andere einen Mangel verursachen, erleben das manche Glaubende auch als ungerecht. Sie fühlen sich dann zurückgesetzt oder in ihren Rechten missachtet. Dann kämpfen sie in einer Weise um ihre Interessen, die wiederum die Rechte anderer verletzt. Andere reagieren dann mit Rückzug, Gegenwehr oder Kritik. Das kann sich wie ein Mobbing anfühlen oder sich so aufschaukeln, dass kämpferisch Glaubende tatsächlich ausgegrenzt werden. Eine solche Gruppendynamik kann überall in Gang kommen. Aber wenn dies in einer Kirchengemeinde geschieht, ist das natürlich besonders enttäuschend.

Stürmisch Glaubende lädt Gott auf folgende Entdeckungsreise ein.

Gott ist deine Quelle

Gott ist eine Quelle von Hilfe, Inspiration und Liebe. Das bezeugen Menschen aus biblischen Zeiten und durch die ganze Kirchengeschichte hindurch. Diese Quelle stillt nicht nur existenzielle Bedürfnisse, die ohnehin kein Mensch und kein Erlebnis befriedigen kann: unser Bedürfnis nach Geborgenheit, Sinn, Selbstwert und Glück. Doch Gottes Quelle hilft Glaubenden auch da, wo Menschen enttäuschen oder Lebensumstände einen Mangel verursachen.

Wer seine inneren Wurzeln in die Quelle Gottes einsenken will, setzt sich zunächst einer Spannung aus. Denn einerseits ist die Quelle Gottes nie weit entfernt und jedem zugänglich, der im Glauben nach ihr tastet. Andererseits sind wir Menschen ablenkbar und leicht in unserem Glauben zu verunsichern. Nicht zuletzt wollen wir uns auch vor Enttäuschungen schützen, die uns Gott zufügen könnte. Das macht es manchmal schwer, in jene Wirklichkeit einzutreten, die uns die biblischen Zeugnisse vor Augen führen.

Ihr Weg zur Quelle beginnt wie jeder Glaubensweg mit einer Umkehr. Dabei wird sich vor allem Ihr Vertrauen neu ausrichten. Sie erfahren, wie Sie einen Zugang zu den Quellen des Glaubens finden und wie Sie in ein Leben eintreten, das mehr und mehr von dieser Quelle gespeist wird. Schließlich hören Sie die Einladung, im Vertrauen aufzubrechen und Schritte zu wagen, was nur dem möglich ist, der an Gottes Versorgung glaubt.

Umkehren

Wer empfangen will, muss zuvor seine Hände leeren. Er muss anderes loslassen.

Wenn wir den Schutzmechanismus der Grenzüberschreitung mit den Augen des Glaubens betrachten, wird etwas sichtbar, was der Prophet Jeremia schon im sechsten Jahrhundert vor Christus ausgesprochen hat. Er hat das Volk Israel mit einer unangenehmen Wahrheit konfrontiert:

> Gottes Quelle hilft Glaubenden auch da, wo Menschen enttäuschen oder Lebensumstände einen Mangel verursachen.

„So spricht der Herr: ‚Verflucht sei, wer sich von mir abwendet und sich nur noch auf Menschen oder seine eigene Kraft verlässt. Der ist wie ein kümmerlicher Wacholderstrauch in der Wüste, der versucht, auf salzigem, unfruchtbarem Boden zu wachsen – er wird nicht viel Glück haben. Aber Segen soll über den kommen, der seine ganze Hoffnung auf den Herrn setzt und ihm vollkommen vertraut. Dieser Mann ist wie ein Baum, der am Ufer gepflanzt ist. Seine Wurzeln sind tief im Bachbett verankert: Selbst in glühender Hitze und monatelanger Trockenheit bleiben seine Blätter grün. Jahr für Jahr trägt er reichlich Frucht'" (Jer 17,5-9, NL).

Es mag unser religiöses Empfinden erschrecken, wenn wir die rauen Worte Jeremias lesen. Sie beinhalten aber eine zeitlose Wahrheit, die auch die junge Kirche aufnehmen wird. Das prophetische Wort verurteilt den Einsatz von Glaubenden nicht, auch nicht ihren Wunsch, bei Menschen Liebe, Ergänzung und Unterstützung zu finden. Es legt vielmehr eine Lebensausrichtung bloß, die ihr Heil im eigenen Handeln und bei anderen Menschen sucht. Im Kontrast dazu führt Jeremia seinen Hörern eine Pflanze vor Augen, die ihre Wurzeln in eine Quelle eingesenkt hat. Sie gedeiht selbst dann, wenn der Regen ausbleibt und die Lebensbedingungen hart werden.

Ob ein Glaubender welkt oder blüht, sieht Jeremia in dessen Beziehung zu Gott begründet: „In zweifacher Hinsicht hat mein Volk gegen mich unrecht gehandelt: Mich, die Quelle des lebendigen Wassers, verlassen sie und graben sich stattdessen undichte Brunnen, die das Wasser nicht halten können" (Jer 2,13, NL).

Wo Glaubende die Quellen Gottes verlassen, lässt sie ihr Durst woanders nach Wasser suchen. Zur Zeit Jeremias haben sich Glaubende fremden Kulten zugewandt, Priester haben selbstherrlich und gottlos geherrscht, Starke haben die Schwachen ausgebeutet. Wo Glaubende heute die Quellen des Glaubens verlassen, da kann es zu anderen Grenzüberschreitungen kommen: Menschen instrumentalisieren den Glauben, um ihre Bedürfnisse zu stillen. Sie üben Druck auf das Gewissen anderer aus. Sie wenden sich „undichten Brunnen" zu: Affären (wo sie doch Liebe suchen), Erfolgen (wo sie eine Bestimmung brauchen), Einfluss (wo ein Durst nach einer persönlichen Bedeutung nicht gestillt ist).

Später werde ich zeigen, wie Jesus das Bild von der Quelle aufnimmt und neu ausmalt. Doch der prophetische Impuls aus alter Zeit genügt bereits, um Glaubende in eine neue Richtung zu führen. Wenn Sie sich in diesem Kapitel wiederfinden, lassen Sie sich vielleicht zu einem Bußgebet wie einem der folgenden einladen:

- „Gott, ich habe dir nicht mehr zugetraut, dass du dich um mich kümmerst und mir Lebensfreude schenkst. Deshalb habe ich woanders und ohne dich gesucht. Das tut mir leid."

- „Ich bin aufgetreten wie ein kleiner Guru, der anderen den Weg zu Gott zeigt. Aber letztlich sollten die anderen mich nur bestätigen. Ich habe andere eingespannt, um Erfolgserlebnisse zu haben. Dabei habe ich andere auch unter Druck gesetzt, wenn sie mir nicht folgen wollten."

- „Herr, ich habe dich in meinem Leben fast überflüssig gemacht. Statt dich zu suchen, habe ich im Gottesdienst gute Gefühle gesucht. Statt von dir habe ich mich von tollen Persönlichkeiten faszinieren lassen. Verzeih mir!"

- „Mein Vater im Himmel, ich habe einen Menschen zu meinem Gott gemacht. Was in unserer Beziehung lief, hat mich Tag und Nacht beschäftigt. Du, Gott, bist zu einer Randerscheinung in meinem Leben geworden. Mich hat eigentlich nur noch interessiert, ob du unsere Beziehung besser machst. Und ich war enttäuscht, weil du nicht eingegriffen hast."

- „Herr, ich habe Gott gespielt. Ich bin auf schwache Menschen zugegangen und habe sie nach meinem Bild geformt. Ich war stolz, wenn sie weitergekommen sind, und war enttäuscht, wenn sie sich gegen meinen Einfluss gesträubt haben. Du weißt: Ich habe gedacht, dass ich in deinem Namen Einfluss ausübe. Aber ich habe die Stelle eingenommen, die du im Leben anderer Menschen hättest spielen sollen. Bügle du es aus, wenn ich dadurch Schaden angerichtet habe."

- „Ich habe die Teilnehmer unseres Bibelkreises gedrängt, dass sie offener, einsatzbereiter, frömmer – und was weiß ich noch – werden. Dabei lag das Problem bei mir. Mir hat etwas gefehlt. Ich war nicht zufrieden mit meiner Nähe zu dir. Zeig mir, wo ich dich finde."

Es tut weh, sich einer Wahrheit über sich selbst zu stellen. Doch mehr als einen kurzen Schmerz, der in eine neue Richtung lenkt, verursacht der Glaube nicht. Er führt nicht zur Selbstanklage, sondern zu einem fröhlichen, hoffnungsvollen Aufbruch.

Einen Zugang finden

Sie wollen nicht mehr die Grenzen überschreiten, die Ihnen Ihr gesunder Menschenverstand, die Freiheit anderer und letztlich auch Gott setzen. Doch nun sind Sie umso mehr darauf angewiesen, dass Sie zu den Quellen des Glaubens vordringen. Wie das gelingen kann, das zeigen die folgenden Glaubenswege.

Das Glück des Alleinseins. Angelika hat sich immer schon etwas von anderen abhängig gemacht: Ihre Freundinnen haben sie Höhenflüge genießen und Abstürze erleiden lassen, je nachdem, wie es in der Freundschaft gerade lief. Ähnliches erlebte sie mit Jungs und später mit Männern. Angelika erinnert sich noch genau an das Wochenende, an dem einfach keiner da war. Mit einer Beklemmung stellte sie sich auf die Stunden ein, die sie alleine verbringen würde. Einem spontanen Einfall folgend griff sie zur Bibel. Sie hielt ihre Gedanken in ihrem Tagebuch fest. Plötzlich umhüllte sie eine wohltuende Gegenwart: Gott war da. Ein kleines Glück. Ein Gefühl, dass alles gut ist, wie es gerade ist. Eine Atmosphäre, in der ihr Gebete so selbstverständlich über die Lippen kamen wie das Plaudern mit einer Freundin auf einer Wanderung, auf der man mal schweigt und mal spricht. Angelika empfand eine beglückende Gewissheit: „Das bleibt. Die Zeit alleine mit Gott kann ich immer wieder haben. Selbst wenn ich Gott nicht so intensiv spüre, weiß ich doch, er ist da und hat eine gute Wirkung auf mich. Ich bin nicht mehr so abhängig von dem, was in meinen Beziehungen läuft. Ich kann immer wieder einen Ort aufsuchen, an dem ich zufrieden bin und es mir gut geht." Dieses Gefühl hat sich bewahrheitet: Bis heute findet Angelika immer wieder das Glück des Alleinseins.

———

Heilige Grenzen. „Alles wird gut, auch wenn ich hier nicht weitergehe." Das ist Simon zu einer tiefen Gewissheit geworden, auf die er sich in kritischen Situationen verlässt. Früher hat Simon zu stark für das gekämpft, was ihm notwendig erschien. Dann lag er nachts lange wach und überlegte, wen er wohl gegen sich aufgebracht hat. In seinen Beziehungen suchte er Tiefgang, in der Kirche wollte er schneller als andere im Glauben vorangehen. Wenn er andere mitziehen wollte, stieß er irgendwann auf Gegenwehr.
Simon wurde klar: Es gibt eine Grenze, an der er loslassen und alles Weitere an Gott abgeben muss. Diese Grenze nimmt Simon heute beinahe körperlich wahr. Er sieht sie weniger als eine Grenze, die ihm Menschen oder Umstände setzen, sondern als ein liebevolles „Halt!", das von Gott kommt. Inzwischen hat Simon viele gute Er-

fahrungen gesammelt: Gott sorgt, auch wenn es erst mal nicht so läuft, wie es Simon geplant hatte.

===

Vertrauen in Gottes Wirken. Seit Stefan einen kleinen Garten hat, wird ihm die Natur zum Gleichnis. Stefan düngt, er schneidet zurecht und beseitigt Unkraut. Aber das Eigentliche, das Wachstum, geschieht, während er schläft oder anderen Dingen nachgeht. Ist das nicht auch im Glauben so? Ein Mensch kann treu sein, Gott suchen und Einsatz bringen. Doch das Wesentliche geschieht durch Gottes verborgenes, geheimnisvolles Wirken.

Stefan wollte seine Erfahrung mit anderen teilen. Doch in seiner Gemeinde werden die Leute skeptisch, wenn sie „Natur" hören. Sie denken an Menschen, die Gott lieber im Wald suchen als in der Kirche. Inzwischen behält Stefan für sich, was ihn inspiriert. Die Wirkung nehmen andere aber trotzdem wahr: „Sag mal, Stefan, du hast oft so getrieben gewirkt. Jetzt ruhst du in dir selbst. Bist du verliebt?"

===

Geist-Erfahrung. Hedda geht es schon seit Monaten nicht gut. Irgendetwas fehlt in ihren Beziehungen. Viele in ihrer Gemeinde gehen ihr auf die Nerven, Leute, die in jedem Wetterumschwung ein Zeichen Gottes sehen, Leute, die moralischen Druck aufbauen.

Hedda steht an einem Scheideweg. In ihrem Beruf bieten sich ihr Karrierechancen. Doch dafür müsste sie ein paar Jahre ganz für den Job leben. Als sich Hedda eines Abends eine Kerze anzündet, sich auf eine Decke kniet und die Bibel aufschlägt, wird ihr plötzlich warm. Ihre Haut prickelt, die geschlossenen Lider zucken ein wenig. Sie fühlt sich in einer sanften Weise von Gottes Liebe und Nähe durchflutet. Ihre Zunge tanzt und formt wohlklingende Silben, deren Sinn sie nicht versteht. Vor ihrem inneren Auge tauchen Menschen auf, für die sie betet oder denen sie vergibt. Sie denkt an Bibelverse, die ihr zu Herzen gehen. Wie in einer Vision sieht sie ein Bild vor ihrem inneren Auge: Sie sitzt in einer fröhlichen Gruppe, die sie leitet. Als

Hedda erschöpft, aber glücklich in ihr Bett sinkt, denkt sie: „Es gibt vielleicht doch noch etwas zu entdecken im Glauben."

=====

Ein Draht zu Gott. „Ich bewundere deinen Glauben", setzt Alvas Freundin beim Frühstück an. „Ich hoffe, du verstehst mich nicht falsch, aber deine Gesundheit ist angegriffen, du hast ziemlich oft Zoff mit Dieter, eure Kinder machen euch Sorgen – ich finde, in eurem Leben geht mehr schief als bei anderen. Ich glaube, an deiner Stelle hätte ich die Nase voll von Gott."

„Ich verstehe, was du meinst", antwortet Alva. „Ich habe auch lange mit Gott gekämpft, wenn es Probleme in meinem Leben gab. Aber Gott hat mir klargemacht: Er ist größer als meine Probleme. Mitten im Zoff mit Dieter schenkt er uns manchmal eine tolle Versöhnung, ich bin insgesamt echt glücklich mit ihm. Mein Leben ist vielleicht chaotischer als das von anderen. Aber vielleicht macht es gerade mein Chaos leichter, mich an Gott zu hängen. Er lässt mich nicht im Stich. Ich habe allerdings Jahre gebraucht, bis ich das kapiert habe."

Die Wege, auf denen Glaubende zur Quelle finden, sind weit verzweigt. Auf ihnen machen Glaubende aber die gleiche Erfahrung: Sie erleben Gottes Zuwendung und können dadurch auch einmal einen Mangel überbrücken. Sie finden Frieden, auch wenn sie vielleicht mit einer Verantwortung alleine dastehen. Sie müssen andere nicht mehr auf ungute Weise beeinflussen. Sie müssen auch nicht mehr auf Quellen der Bedürfnisbefriedigung ausweichen, die sich mit dem Glauben nur schwer vereinbaren lassen.

Sich beheimaten

Besondere Erfahrungen mit Gott sind die Gipfelerlebnisse, die Glaubende nie mehr vergessen. Aber bald setzt sich der Weg wieder auf der Ebene des Alltags fort. Doch auch im Alltag können sich Glaubende in den Wahrheiten beheimaten, die ihnen wichtig geworden sind.

Jesus selbst führt Glaubende zu einer Quelle. Als er sich einmal an einem Brunnen ausruht, verwickelt er eine Frau in ein Gespräch. Unter anderem sagt er zu ihr: „Jeder, der von diesem Wasser trinkt, wird wieder Durst bekommen. Wer aber von dem Wasser trinkt, das ich ihm geben werde, wird niemals mehr durstig sein. Das Wasser, das ich ihm gebe, wird in ihm zu einer Quelle werden, die unaufhörlich fließt, bis ins ewige Leben" (Joh 4,13-14; NGÜ).

In einem anderen Gespräch greift Jesus diesen Gedanken noch einmal auf: „Wer an mich glaubt, wie die Schrift sagt, von dessen Leib werden Ströme lebendigen Wassers fließen. Das sagte er aber von dem Geist, den die empfangen sollten, die an ihn glaubten; denn der Geist war noch nicht da; denn Jesus war noch nicht verherrlicht" (Joh 7,38-39; NGÜ).

„Lebendiges Wasser" bedeutet frisches Quellwasser, im Gegensatz zu stehenden Gewässern, die schnell unsauber werden. Jesus wählt das unaufhörlich strömende Wasser als Bild für eine überfließende Versorgung. Er betrachtet sie als eine Wirkung des „Heiligen Geistes" und knüpft sie an eine Voraussetzung: den Glauben an ihn. Der biblische Zusammenhang zeigt aber: Mit Glauben ist keine religiöse Rechtgläubigkeit gemeint, sondern eine lebendige Weggemeinschaft mit Jesus.

> Jesus führt in eine innere Haltung, in der man sich an seiner Verantwortung nicht aufreibt: sanft für die eigenen Belange eintreten und sich selbst in alledem nicht zu wichtig nehmen.

Die Glaubenswege, die ich oben beschrieben habe, haben Ihnen davon schon einen Eindruck gegeben, was aus den Quellen des Glaubens fließt. Ihre Wirkungen nennt der Jesus-Botschafter Paulus die „Früchte des Geistes" (Gal 5,22-23; NGÜ): Glaubende finden in ihrem Inneren Liebe, Freude, Frieden, Geduld, Freundlichkeit, Güte, Treue, Rücksichtnahme und Selbstbeherrschung. Glaubende entdecken in ihrem Alltag kleine Zeichen von Gottes Liebe und Fürsorge. Sie erleben, wie Gott ihre Wahrnehmung verändert und sie eine Situation plötzlich mit ganz anderen Augen sehen. Sie spüren ein Vertrauen, das eigene Bedürfnisse in den Hintergrund treten lässt und es leichter macht, sich anderen von Herzen zuzuwenden. Sie leben mehr und mehr aus einer Quelle, die nicht aus dieser Welt kommt.

Auch für Glaubende, die sich mit einer Verantwortung alleine fühlen, hat Jesus eine Einladung ausgesprochen: „Kommt her zu mir, alle, die ihr mühselig und beladen seid; ich will euch erquicken. Nehmt auf euch mein Joch und lernt von mir; denn ich bin sanftmütig und von Herzen demütig; so werdet ihr Ruhe finden für eure Seelen. Denn mein Joch ist sanft, und meine Last ist leicht" (Mt 11,28-30; L17).

Jesus lädt Menschen ein, denen ihre Last zu schwer geworden ist. Er erfrischt und entlastet sie. Von allen Lasten, die man sich auf die Schultern geladen hat oder die einem andere aufgeladen haben, bleibt nur noch die, die Jesus selbst auflegt. Und die ist so leicht, dass Menschen sie tragen können. Jesus führt auch in eine innere Haltung, in der man sich an seiner Verantwortung nicht aufreibt: sanft für die eigenen Belange eintreten und sich selbst in alledem nicht zu wichtig nehmen.

Jesus gibt damit allerdings keine psychologische Lebenshilfe. Seine Worte beruhen auf einer übernatürlichen Wirklichkeit, in die der Glaube führt. Aber wie gelangen wir von unserer menschlichen Begrenztheit zu den Möglichkeiten, die uns die Wirklichkeit Gottes eröffnet? Die christliche Tradition hat verschiedene Zugänge gesucht und gefunden. Vier davon stelle ich Ihnen hier vor.

Aufmerksam sein – mit den Augen des Glaubens sehen. „Dass unsere Sinnen wir noch brauchen können und Händ und Füße, Zung und Lippen regen, das haben wir zu danken seinem Segen. Lobe den Herren!", dichtete Paul Gerhardt in einem Kirchenlied (Gotteslob, 81, Evangelisches Gesangbuch, 447). Überall erblickt der Glaube Gottes liebevolles Handeln.

Ob wir die Welt so wahrnehmen, wie sie uns als Menschen vor Augen tritt, oder ob wir in ihr Gottes Wirken wahrnehmen, macht für unser Leben einen Unterschied: Die Augen des Glaubens entdecken immer einen Grund zur Freude. Sie nehmen einen tröstlichen Lichtblick wahr. Sie sehen ein lohnendes Ziel, für das sich durchzuhalten lohnt.

Glaubende lenken ihre Aufmerksamkeit immer neu auf die Zuwendung und die Kräfte Gottes in ihrem Leben. So nehmen sie wahr, was ihnen leicht entgangen wäre.

- Unser Selbstwertgefühl mag am Boden liegen, doch das Auge des Glaubens sieht in uns die Person, die Gott nach seinem Bild geschaffen hat: wunderbar und mit einem unendlichen Potenzial.
- Wir mögen tief traurig sein, der Glaube nimmt am Grund unseres Herzens die Kraft wahr, die alles auf sich nehmen kann und die immer einen Neubeginn wagt.
- Ein wichtiges Ziel scheint verbaut zu sein, doch der Glaube sieht schon neue Wege, die sich auftun.

Wenn wir unsere Aufmerksamkeit schulen, sehen wir immer deutlicher, wie Gott in unserem Alltag wirksam ist. Das gelingt umso besser, je mehr wir von der Wirklichkeit Gottes wissen. Dabei hilft der zweite Zugang.

Betrachten (Kontemplation). Dabei betrachten Glaubende einen Bibeltext so lange, bis sich die Wirklichkeit zeigt, auf die das Wort verweist. Sie ziehen sich zurück und schirmen sich von Ablenkungen ab. Sie konzentrieren sich betend auf ein Bibelwort, versuchen aber nicht, das Wort mit dem Verstand zu erfassen. Stattdessen setzen sie sich dem Wort vertrauensvoll aus, um sich von diesem erfassen zu lassen.

Manchmal hilft dabei unsere Fähigkeit, uns Dinge bildlich vorzustellen und uns in diese Vorstellung zu vertiefen. So könnten Sie sich vor Augen führen, wie Wasser aus Ihrem Inneren strömt oder wie Ihnen Jesus eine leichte Last auflegt. Bei solchen Bildern verweilen Glaubende dann betend. Sie lassen zu, dass sich die Bilder vor ihrem inneren Auge ein wenig verändern. So könnte sich die Last auf den Schultern in den Rucksack verwandeln, der sich beim Wandern so angenehm tragen ließ. Dabei offenbart der Geist Gottes tiefere Wahrheiten. Er hilft auch, dass Wahrheiten vom Kopf ins Herz finden.

Manchmal schweift die Fantasie allerdings ab. Sie zieht uns in bizarre Bilder hinein, wie es auch in unseren Träumen geschieht. Glauben-

> Glaubende können empfindsam sein und mitfühlen. Denn sie wissen um die tröstende, heilende und stärkende Berührung, die sie in der Wirklichkeit Gottes erfahren.

de, die sich in der Kontemplation üben, folgen solchen Bildern nicht. Sie ergründen auch nicht deren unbewusste, symbolische Bedeutung, sondern lenken ihre Aufmerksamkeit einfach wieder zu dem Bild zurück, wie es das Bibelwort nahelegt.

Kontemplation ist gleichermaßen aktiv und passiv. Aktiv ist sie, wo sie sich von anderen Reizen abschirmt und sich auf ein Bibelwort konzentriert. Passiv ist sie im Hinblick darauf, was in der Begegnung mit dem Wort geschieht und auf welche Weise sie in die Wirklichkeit hineingezogen wird, die das Wort ausdrücken will.

Was Glaubende erkannt haben, müssen sie in ihrem Alltag manchmal behaupten. Denn dieser konfrontiert sie mit seinen eigenen Wirklichkeiten. Dabei hilft der dritte Zugang.

Bekennen (Proklamation). Ein Bekenntnis ruft die Wirklichkeit Gottes aus, auch wenn meine menschliche Wirklichkeit das Gegenteil dessen ist, was die Einladung von Jesus verspricht. Wo ich zum Beispiel so belastet bin, dass ich nicht mehr weiß, wo mir der Kopf steht, da spreche ich aus: „Mein

> Seien Sie für andere eine Quelle von Gutem.

Joch ist sanft und meine Last ist leicht." Wo ich mich gerade innerlich leer fühle, bekenne ich: „Ich habe von deiner Quelle, Jesus, getrunken und werde nie mehr Durst haben. Du hast mir eine Quelle geschenkt, die in meinem Inneren fließt."

In einem Bekenntnis drückt sich der Glaube aus, dass die unsichtbare Wirklichkeit des Glaubens stärker ist als die Realität unserer Lebensumstände. Viele Glaubende erleben genau das, wenn sie sich zu einer Wirklichkeit bekennen, für die sich Jesus verbürgt hat. Plötzlich verspüren sie eine unerklärliche Leichtigkeit mitten in schweren Tagen. Unerwartet entdecken sie eine Quelle tiefen Glücks, obwohl ihr äußeres Leben einer Wüste gleicht.

Glaubende verdrängen dabei schmerzliche Lebensumstände nicht. Sie gehen vielmehr durch sie hindurch und treten in die Wirklichkeit Gottes ein, die jede Situation umfasst. Die Praxis der Proklamation macht daher nicht unberührbar. Im Gegenteil: Glaubende können empfindsam sein und mitfühlen. Denn sie wissen um die tröstende, heilende und stärkende Berührung, die sie in der Wirklichkeit Gottes erfahren.

In manchen Traditionen glaubt man, dass ein Bekenntnis mehr bewirkt, wenn es vor anderen Menschen ausgesprochen wird. Warum sollten Glaubende nicht zu dem stehen, wovon sie überzeugt sind? In manchen Situationen würde ein Bekenntnis aber aufdringlich oder befremdend wirken. Wer dann fürchtet, dass sein Festhalten an Gott nichts gilt, wenn er es nicht kundtut, der setzt sich selbst unter Druck. Wo geistliche Hilfen zur Methode werden, von der man nicht abweichen darf, ist man dem magischen Denken näher als einem lebendigen Gottvertrauen.

Aufmerksam-Sein, Betrachten und Bekennen öffnet unseren Alltag für die Wirklichkeit Gottes. Ein vierter Zugang fehlt noch: das Aufbrechen – ein Handeln im Glauben, das im Vertrauen auf Gott etwas wagt und dadurch in seine Wirklichkeit hineintritt.

(Die Anfangsbuchstaben der vier Zugänge – Aufmerksam-Sein, Betrachten, Bekennen und Aufbrechen – verbinden sich zu ABBA, einem aramäischen Kosewort für ‚Vater‘, das Jesus für Gott verwendet hat. Diese Merkhilfe können Sie einsetzen, wenn Sie sich die vier Zugänge in Erinnerung rufen wollen.)

Das Aufbrechen beschreibe ich weiter unten noch ausführlicher. Zunächst finden Sie hier weitere Bibelstellen, die Sie zu den Quellen des Glaubens führen. Vielleicht entdecken Sie beim Bibellesen noch ganz andere, die Ihnen erschließen, wie Gott sich Ihnen zuwendet und Sie unterstützt.

- Psalm 23 – ein Bild umfassender Versorgung, auch in dunklen und gefährlichen Momenten des Lebens;
- Lk 18,1-8 – was bei Menschen grenzüberschreitend wäre, ist bei Gott willkommen;
- Lk 11,9-13 – Jesus beschreibt in gewagten Bildern, wie Gott auf unsere Bedürfnisse reagiert;
- Röm 15,5-13 – eine etwas komplizierte Ausführung, in der Paulus beschreibt, wie Gott Trost und Hoffnung bringt;
- Psalm 1,1-3 – ein Beter aus alter Zeit gibt eine Wahrheit weiter: Wer Gottes Worte in sich bewegt, dem werden sie zu einer unerschöpflichen Quelle;
- Lk 10,38-42 – liebevolle Aufmerksamkeit ist manchmal wertvoller als das Zupacken.

Aufbrechen

Manchmal ist es der handelnde Glaube, der Sie zu den Quellen Gottes bringt. Er macht sich auf und vertraut darauf, dass er auf dem Weg findet, was er benötigt, um am Ziel anzukommen. Hier finden Sie einige Beispiele, wie das aussehen kann.

Suchen Sie gute Orte auf. An Orten wie den folgenden erfahren Glaubende Gottes Nähe: das kann eine Bank im Park um die Ecke sein, ein Klappstuhl auf Ihrem Balkon, das Abendmahl in Ihrer Kirche, eine Stunde im Gebetshaus Ihrer Stadt. Gehen Sie dorthin in der Erwartung, dass Gott Ihnen da begegnet, wo Ihnen etwas fehlt oder wo Sie eine Verantwortung drückt. Aber legen Sie ihn nicht zu sehr darauf fest, wie er das tut.

Geben Sie etwas im Glauben. Denn das drückt Ihr Vertrauen aus, dass Gott Ihnen mehr zuströmen lässt, als Sie abgeben. Wenden Sie sich einem Menschen zu, der nicht viel zu geben hat. Erledigen Sie im Stillen eine Aufgabe, die einem anderen dient, Ihnen aber nicht viel Freude macht. Beobachten Sie nun, was in Ihrem Inneren geschieht oder was Ihnen noch während des restlichen Tages begegnet. Nehmen Sie wahr, wie Gott Sie bald wieder füllt, wenn Sie für andere eine Quelle von Gutem werden?

> Drücken Sie Ihr Vertrauen in einem Gebet aus, das sowohl Ihre Bitten als auch ein Dankeschön im Voraus enthält.

Warten Sie aktiv. Sie kommen in einer Sache nicht weiter? Jedenfalls nicht, wenn Sie einen anderen nicht bedrängen wollen? Legen Sie die Sache in Gottes Hand. Lassen Sie eine vertrauensvolle Erwartung zu, dass sich Gott darum kümmert. Orientieren Sie Ihre Erwartung aber weniger an Ihren Wünschen als an dem, was die Bibel über die Quellen Gottes sagt. Drücken Sie Ihr Vertrauen in einem Gebet aus, das sowohl Ihre Bitten als auch ein Dankeschön im Voraus enthält. Vielleicht halten Sie Ihr Gebet sogar schriftlich fest. Dann sehen Sie im Rückblick leichter, wie Gott für Sie gesorgt und sich Ihnen zugewandt hat.

Der Stachel Grenzen überschreiten geht manchmal in seinem Einsatz zu weit. Der Selbstschutz von Glaubenden kann aber auch das Gegenteil bewirken. Dann halten Glaubende ihren Einsatz aus Vorsicht zurück. Darüber lesen Sie mehr im folgenden Kapitel.

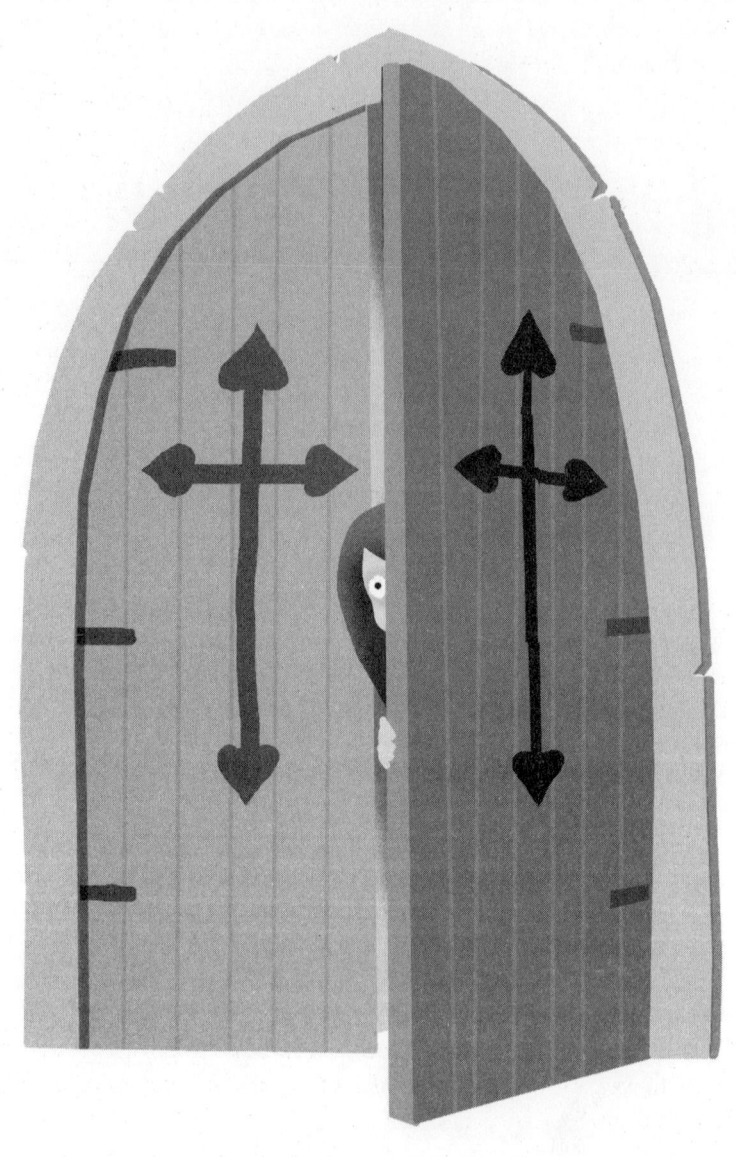

Wenn Glaubende vermeiden

- Tun Sie manchmal aus Angst nicht, was Sie im Glauben als richtig erkannt haben?
- Vertrauen Sie auf manche Sicherheiten so stark, dass diese in Konkurrenz zu Gott treten?
- Schränken Sie manchmal Ihre Fähigkeit zu lieben ein, weil Sie distanziert bleiben oder sich zurückziehen?

Dann könnte das Vermeiden der Stachel Ihres Glaubens sein.

Der biblische Glaube war schon immer ein Weg ins Ungewisse, gebahnt allein von der Gewissheit, dass Gott den Weg begleitet und ein gutes Ziel vorbereitet hat. Abraham verließ seine Heimat und zog los, weil Gott ihn gerufen hatte. Mose führte das Volk Israel aus der Sklaverei in Ägypten heraus. Doch der Weg führte ins Ungewisse.

Viel später ließ Petrus sein Leben als Fischer hinter sich und folgte Jesus nach. Paulus gab seine Sicherheit als einflussreicher jüdischer Gelehrter auf. Er machte sich zum Sprachrohr für eine Botschaft, die vielerorts verkannt und bekämpft wurde. Die jüdisch-christliche Tradition lässt sich daher auch als Einladung zu einem Vertrauen verstehen, das zu neuen Wegen befähigt und in unsicheren Situationen trägt.

Schon unser menschliches Leben fordert uns immer wieder heraus, Sicherheiten loszulassen und Neues zu wagen: Ein Kind, das Fahrradfahren lernt, vertraut sich einem wackligen Gefährt an, das sofort umfällt, wenn man es loslässt. Wenn es Schwimmen lernt, ver-

> Der biblische Glaube war schon immer ein Weg ins Ungewisse.

traut sich ein Kind der tragenden Kraft des Wassers an. Es tut das, obwohl es vorher erlebt hat, dass es untergeht, wenn es sich nicht irgendwo festklammern kann. Ein Kind glaubt zunächst der Ermutigung seiner Eltern. Irgendwann vertraut es aber auch dem eigenen Vermögen, eine Herausforderung zu meistern. Dann hat es bereits ein Vertrauen verinnerlicht, das seine Eltern nicht (oder nur selten) enttäuscht haben.

In ein ähnliches Urvertrauen ruft uns irgendwann der Glaube. Glaubende lassen Sicherheiten los. Sie vertrauen, dass Gott trägt, Dinge möglich macht und sie in alledem beschützt. Manchmal fordert der Glaube sogar zu Verhaltensweisen auf, die unvernünftig wären, wenn es Gott nicht gäbe, zum Beispiel zur Feindesliebe.

Vor diesem Hintergrund können Glaubende Vermeidungsverhalten erkennen: Es zeigt sich, wo die Angst über das Vertrauen siegt. Dann schrecken Glaubende selbst vor dem zurück, was sie als richtig erkannt haben. Sie vertrauen vielleicht, dass Gott sie versorgt und schützt. Aber für den Fall, dass er es doch nicht tut, bauen sie auf eine lückenlose Planung, auf finanzielle Sicherheit oder auf Menschen, die ihnen Halt geben.

> Vermeidungsverhalten zeigt sich, wo die Angst über das Vertrauen siegt.

Wenn Sie sich mit dem Stachel Vermeiden schützen, fällt er Ihnen in entspannten Lebensphasen vielleicht gar nicht auf. Denn der Stachel wird erst aktiv, wenn Sie Sicherheiten loslassen müssen. Folgende Lebenssituationen können den Stachel Vermeiden reizen:

- Einer kauft ein Haus und wo ihn vorher ein Polster auf dem Konto beruhigt hat, weiß er nun um seine Schulden. Kann man immer noch großzügig sein, wenn die materielle Zukunft etwas unsicherer geworden ist? Oder stellen sich nun Sorgen oder eine übertriebene Sparsamkeit ein? Das könnte auch in anderen Lebensübergängen geschehen, wenn zum Beispiel in einer Phase beruflicher Umorientierung das Einkommen sinkt.
- Ein anderer hat seine Sicherheit darin gefunden, einen inneren Abstand zu Menschen und Dingen zu halten. Dann können Situationen beunruhigend werden, die mehr Nähe erfordern: der Beginn einer Paarbeziehung, die Verantwortung für Kinder oder

ein zwischenmenschlicher Konflikt, in dem sich eine offene Auseinandersetzung nicht vermeiden lässt. Wer sich hier durch Distanziertheit selbst im Weg steht, erlebt den Stachel Vermeidung in Aktion. Vom Glauben her betrachtet traut ein Mensch Gott nicht zu, dass er ihn schützt, wenn es einmal gefährlich wird.

- Wieder andere wechseln den Wohnort und finden dort keine Kirchengemeinde, die den Glauben in einer Weise praktiziert, wie man ihn gewohnt ist. Kann sich ein Glaubender nun auf neue Lieder und neue Glaubenswege einlassen? Oder wird er lange kritisch bleiben und vielleicht vergeblich darum werben, dass die Kirchengemeinde Formen einführt, die ihm vertraut und lieb sind?

Wo Menschen ihre Sicherheiten loslassen müssen, kann der Stachel Vermeiden zum Einsatz kommen. Wie das genau geschieht und was das für Folgen hat, zeigen die folgenden Glaubensgeschichten.

Fliehen, wenn Gott herausfordert

Gott und andere Sicherheiten. Es wäre nur ein kleines Wort gewesen: „Nein". In ihren Gebetszeiten hat Katrin deutlich gespürt, wie Gott Sie dazu ermutigt. Aber wenn sie dann vor ihrem Chef stand, sah sie sich selbst dabei zu, wie sie „o. k." sagte und lächelte, obwohl ihr gar nicht nach Lächeln zumute war.

Die Kollegin, der sich Katrin anvertraute, ermutigte sie: „Also, wenn sich jemand ein Nein erlauben kann, dann doch du. Der Chef mag dich und du hast dich schon derart eingesetzt, dass er dir sicher alles verzeihen würde."

Also sprach Katrin ihr Nein, aber ihr Chef setzte zunächst eine charmante Überredung ein und trat dann plötzlich furchteinflößend auf, sodass Katrin ganz unsicher war, ob das ein Scherz oder eine Machtdemonstration war. Sie nahm ihr Nein lieber zurück.

Dieses Gespräch lag drei Wochen vor ihrem Bandscheibenvorfall. Während ihrer Krankschreibung hatte Katrin viel Zeit zum Nachdenken. Wollte Gott ihr das ersparen? Hätte er sie nicht gerne davon befreit, dass sie ihr Lebensgefühl zu sehr auf das Wohlwollen anderer Menschen stützt? Würde Gott ihren Glauben nicht auf eine neue Ebene führen, wenn Katrin ihren Wunsch nach Zustimmung und Anerkennung loslassen könnte?

———

Kein Raum für Gottes Schmerz. Allmählich glaubt Holger ein Muster in seinem Leben zu erkennen, etwas, das sich wiederholt: Als junger Erwachsener war Holger mit Kai befreundet, der Joints rauchte und Partydrogen nahm. Als er Kai näher kennenlernte und sich immer mehr Abgründe in dessen Leben auftaten, zog sich Holger zurück. Er war schon damals eine gefestigte Persönlichkeit. Hätte Nächstenliebe damals nicht geheißen, Kai weiterhin Freundschaft zu schenken oder vielleicht ein Halt in seinem Leben zu sein?
Später verliebte sich Holger in eine tolle Frau. Sie teilten den Glauben, lasen inspirierende Bücher und beteten viel. Doch Holgers Freundin hatte einen Vater, der kalt war und zudem aggressiv und abwertend sein konnte. Das machte das Verhältnis zu ihren Eltern kompliziert. Außerdem blitzte auch bei Holgers Freundin manchmal eine Härte durch, die ihm unheimlich war. Er floh. Heute ist Holger sicher: die Abgrenzung von dem Vater hätten beide gut bewältigen können. Auch mit den Spuren, die der Vater in der Persönlichkeit seiner Freundin hinterlassen hatte, hätten sie einen Weg gefunden. Sie hätten eine schöne Zukunft vor sich gehabt. Seine Angst und Fluchtreflexe waren übertrieben.
Mit seiner heutigen Ehe ist Holger ganz zufrieden. Doch die intensiven Gefühle und die starke Übereinstimmung im Glauben, die Holger mit seiner ersten Freundin verbunden haben, erlebt er heute nicht. „Das passt super zusammen", denkt Holger bitter. „Ich trage ein Kreuz und mein Lebensmotto heißt: Leidvermeidung."

———

An Autoritäten glauben. Günter ist das Zünglein an der Waage. Weil er Erfahrung hat und beruflich erfolgreich ist, hat sein Wort im Kirchengemeinderat ein besonderes Gewicht.

„Wie stellt ihr euch das vor?", fragt Günter die anderen. „Sollen wir jeder Frau in unserer Gemeinde, die bei Peter in der Seelsorge war, fragen: ‚Ist er korrekt mit dir umgegangen?' Dann kann Peter sein Pfarramt auch gleich niederlegen."

„Aber können wir das einfach übergehen?", wirft ein Mann aus dem Gemeinderat ein. „Nun hat sich schon die zweite Frau in Peter verliebt und beide sind verheiratet. Und beide haben sein Verhalten als flirtend erlebt. Ein Pfarrer darf in seinem Umgang mit Frauen keine Mehrdeutigkeit aufkommen lassen."

„Das stimmt ja", gesteht Günter zu. „Trotzdem gilt: Gott hat Peter in sein Amt eingesetzt. Wenn selbst die menschliche Obrigkeit von Gott kommt, haben wir kein Recht, sein Pfarramt zu beschädigen. Wenn sich Peter eindeutig falsch verhält, dann müssen wir natürlich handeln. Aber solange das nicht geschieht, müssen wir ihm den Rücken stärken. Eine verheiratete Frau ist auch selbst verantwortlich dafür, wie sie mit ihren Gefühlen umgeht."

Damit war die Entscheidung gefallen. Ein Jahr später allerdings gab der Pfarrer bekannt, dass er mit einer dritten Frau eine Beziehung eingegangen sei, sich von seiner Ehefrau trennen wolle und natürlich auch die Gemeinde verlassen werde. Das war ein Schlag für Günter. Denn von allen Seiten wurde der Kirchengemeinderat nun von Fragen bedrängt, ob es nicht vorher schon Anzeichen gegeben habe.

Günter haderte mit Gott: „Herr, ich wollte deine Autorität achten und die Autorität, die du deinen Dienern gibst. Kann ich mich darauf nicht verlassen? Üben nicht Menschen in deinem Namen Leitung aus, wenn du sie in ein Amt einsetzt? Soll ich künftig mein eigenes Urteil über ein geistliches Amt stellen? Wie stellst du dir das vor? Und wie gehe ich nun mit der Schuld um, dass ich vielleicht Leid und Aufruhr in unserer Gemeinde hätte verhindern können?"

Zögern und zweifeln. „Ja, aber", damit leitet Ben seine Beiträge zum Bibelgespräch häufig ein. Er zweifelt, ob der Bibeltext wirklich so gemeint ist, wie ihn die anderen verstehen. Er fragt sich, ob Jesus in der heutigen Zeit vielleicht ganz anders gehandelt hätte. Oft berichtet er von Menschen, die eine Bibelstelle falsch verstanden und auf unreife Weise angewandt haben.

Eines Abends nimmt ihn die Leiterin des Bibelkreises beiseite: „Sag mal, Ben, darf ich dir eine ehrliche Rückmeldung geben?"

Ben erschrickt und sieht Klara mit geweiteten Augen an.

„Keine Sorge", beruhigt sie ihn. „Nichts Schlimmes. Mir fällt nur auf, dass du oft erst mal mit Zweifeln und Anfragen auf die Bibeltexte reagierst. Manchmal habe ich das Gefühl, das passiert ganz automatisch, schon bevor du über den Text nachgedacht hast. Sei mir nicht böse, aber manchmal blockiert das unser Gespräch, wenn wir uns mehr mit Zweifeln beschäftigen als damit, was uns der Text vielleicht zu sagen hat. Mir ist wichtig, dass Gott uns mit seinem Wort berühren kann. Verstehst du, wie ich das meine?"

„Ja, aber", setzt Ben an und Klara schmunzelt.

„Das meine ich", sagt sie leise.

„O. k.", sagt Ben und unterdrückt seinen Impuls, Klaras Worte in Zweifel zu ziehen. „Ich möchte euch wirklich nicht auf die Nerven gehen. Aber vieles in der Bibel klingt so absolut. Manchmal habe ich Angst, dass mich das zum Fundamentalisten macht, manchmal fühle ich mich einfach von dem riesigen Anspruch überfordert."

„Und hast du vielleicht auch Angst, in der Anwendung etwas falsch zu machen?", ergänzt Klara.

„Kann sein", sagt Ben nachdenklich.

„Wie wäre es", schlägt Klara vor, „wenn du deine Befürchtungen in unser Gespräch einbringen würdest? Das klingt ganz anders als theologische Einwände. Den anderen sind solche Sorgen sicher auch nicht fremd."

„Das wäre spannend", sagt Ben und lächelt zum ersten Mal wieder.

Die Beispiele zeigen: Glaubende setzen den Stachel Vermeiden ganz unterschiedlich ein. Immer jedoch steht eine Angst hinter ihm: eine Unsicherheit, ein Gefühl, eingeengt oder überfordert zu werden, eine Sorge oder eine Befürchtung. Manchmal wehrt der Stachel sogar Herausforderungen ab, die Gott ausspricht.

Kurzfristig macht der Stachel Vermeiden das Leben sicherer. Denn er schützt ja vor unangenehmen Erfahrungen und vor Situationen, in denen man vorher nicht ganz genau weiß, was passiert. Mittelfristig hat er Nebenwirkungen, die das Sicherheitsgefühl sogar untergraben. *Neben-wirkung* Denn er hält auch von guten Erfahrungen ab, die das Vertrauen in sich, die Welt und Gott stärken würden. Außerdem spüren Glaubende, die vermeiden, dass sie anderen Menschen und Gott etwas schuldig bleiben. Das kann das Lebensgefühl von Glaubenden bestimmen wie eine düstere Wetterlage, in der dunkle Wolken aufziehen und man erwartet, von einem Wolkenbruch, Donner und Blitzen heimgesucht zu werden. Die Angst vor einem himmlischen Donnerwetter ist natürlich unbegründet. Doch manchmal hat das Vermeidungsverhalten selbst Konsequenzen, wenn zum Beispiel Probleme, die man unter den Teppich gekehrt hat, irgendwann zum Stolpern bringen. Das kann dann wie eine Strafe Gottes wirken, besonders wenn Glaubende sich schuldig gefühlt haben und das Gefühl haben, Gott könnte nicht zufrieden mit ihnen sein.

Es gibt also viele Gründe, sich mit dem Stachel Vermeiden auseinanderzusetzen. Betrachten wir zunächst einmal seine Entstehung.

Nicht wenige Kinder wachsen in einem Familienklima auf, das Angst macht: Ein Elternteil verhält sich unberechenbar oder bestraft sehr streng. Manchmal fühlt sich ein Kind zwar in seiner Familie geborgen, doch die Familie ist einer feindseligen Umwelt ausgesetzt, zum Beispiel weil sie wegen ihrer Herkunft schikaniert wird. Wenn ich Menschen begleite, die sich mit dem Stachel Vermeiden schützen, ist ihr Hintergrund allerdings häufig noch ein anderer. Sie sind behütet aufgewachsen, trotzdem haben sich ihre Eltern viele Sorgen gemacht und ihre Kinder übertrieben beschützt. Auch dann verinnerlichen Kinder das folgende Lebensgefühl: „Die Welt ist gefährlich und ich bin zu verletzlich, um mich ihren Herausforderungen zu stellen." Was liegt da näher, als Gefahren aus dem Weg zu gehen?

Wenn Glaubende ihre frühen Erfahrungen auf Gott übertragen, *Angst vor Gottes Strafe* zeigt sich das in einer Angst: Glaubende fürchten, dass Gott sie strafen oder sogar in die Hölle werfen könnte. Gott könnte sie auch einer Prüfung unterziehen, sie dann durchfallen lassen und beschämen. Wer die Bibel mit der Brille der Angst liest, wird für alle diese Ängste auch eine Bestätigung finden.

Doch auch wenn Glaubende sich nicht vor Gott fürchten, fällt es ihnen nicht leicht zu glauben, dass er sie schützt. Gibt es nicht viele Men-

Angst, dass Gott nicht schützt

schen, die einen tiefen Glauben haben und denen trotzdem Schlimmes geschieht? So steht die Angst als wunder Punkt hinter dem Stachel Vermeiden. Die spirituelle Aufgabe, die sich manchem Glaubenden stellt, besteht darin, mitten in einer gefährlichen Welt Geborgenheit zu erfahren. Dieses Thema steht auch im Mittelpunkt der folgenden Glaubensgeschichten. Es bestimmt die Höhepunkte und Tiefpunkte auf dem Weg mit Gott.

Auf der Suche nach Sicherheit

Lange hat Bernd den Glauben distanziert erlebt. Er stand immer etwas abseits und blieb Beobachter. Wenn andere in seiner Kirche begeistert waren und einen Aufbruch in ihrem Glauben erlebten, war Bernd skeptisch: Würde die Begeisterung für das Gebet nicht nach ein paar Monaten wieder nachlassen? Was war dann gewonnen? Nicht selten behielt Bernd recht. Zugleich spürte er, dass ihn seine Skepsis auch von eigenen Erfahrungen mit Gott abschnitt.

Ausgerechnet eine Gefahr befreite Bernd aus seiner lähmenden Vorsicht. Seine Gemeinde hatte vor einem halben Jahr einen neuen Pfarrer berufen, ein intellektueller Typ, der auf eine ländliche Gemeinde traf. Nur Einzelne waren begeistert und freuten sich, dass ihnen der Neue in seinen Predigten „Schwarzbrot" zu kauen gab. Doch die Gemeinde bestand größtenteils aus Geschäftsleuten und zupackenden Menschen in praktischen Berufen. Sie fanden die Predigten abgehoben. Bei Entscheidungen machte es sie verrückt, wenn der Neue mit Grundsatzüberlegungen begann.

„Wollen wir über die Kirche philosophieren", platzte der Leiter der örtlichen Sparkasse heraus, „oder wollen wir Kirche gestalten?" Bernd sah ein Unglück kommen. Er fasste sich ein Herz und konfrontierte den Pfarrer: „Die Menschen hier sind es gewohnt, von der Predigt etwas Praktisches mit nach Hause zu nehmen."

Pfarrer Winkler rückte seine Brille zurecht und blickte überrascht.

„Naja", unterbrach Bernd das Schweigen. „Wie man einen Bibeltext zum Beispiel in seinem Beruf anwenden kann oder wie man in seiner Beziehung zu Gott weiterkommt."

„Im Anschauen Christi werden wir verwandelt. Wirkt sich das nicht auf unseren Alltag aus?", erklärte sich der Pfarrer und wirkte etwas gekränkt.

„Bei allem Respekt", beharrte Bernd. „Wenn Sie so reden, wie mit mir gerade oder wie am Sonntag in der Predigt, versteht das kaum jemand. Ich bin schon einigen begegnet, die wütend und enttäuscht waren, weil sie nicht verstanden haben, worauf Sie hinauswollen."

„Darüber muss ich nachdenken", beendete Pfarrer Winkler das Gespräch. „Danke für die Ehrlichkeit."

Bernd hatte ein flaues Gefühl im Bauch, als er nach Hause ging. Aber als er sich hinkniete und für gute Nachwirkungen dieses Gesprächs betete, fühlte er sich Gott so nah wie schon lange nicht mehr. Bernd sprach auch mit dem Meinungsführer der Unzufriedenen: „Liebe heißt, dass sich beide Seiten zueinander auf den Weg machen. Wer hat das Recht, selbst unbeweglich zu bleiben und zu fordern, dass sich der andere bewegt?"

Allmählich entspannte sich die Situation. „Ich schreibe jetzt bei der Predigt mit", erklärte der Sparkassendirektor. „An manchen seiner Sätze muss man tatsächlich etwas kauen, aber dann verstehe ich auch etwas Wichtiges." Er sah dankbar zu Bernd und scherzte: „Wir sind ja nicht zum Spaß im Gottesdienst."

Vielleicht ist Gott sogar stolz auf mich, dachte Bernd vorsichtig. Er weiß, wie viel Mut mich das kostet. Und offenbar hat er ein kleines Wunder dazu geschenkt. Brauche ich vielleicht ab und zu einen Tritt in den Hintern, überlegte Bernd weiter, damit ich mir ein Herz fasse und etwas für Gott wage?

Der Stachel Vermeiden kann auch hinter ganz anderen Glaubensgeschichten stehen.

Florian hat die Kinderarbeit seiner Gemeinde revolutioniert. Die Kinder toben erst mal durch eine Spielstraße, wenn der Kindergottesdienst beginnt. Danach zieht sie eine Theaterszene in ein Thema, das dann in unterschiedlichen Altersgruppen aufgegriffen wird. Florian hat stets gute Laune, ist visionär und einsatzbereit. Trotzdem hat er das ganze Team gegen sich aufgebracht: Während sich Florian in praktischen Dingen sicher gefühlt hat, waren ihm Gefühlsmenschen immer schon unheimlich. Er bemerkt es zwar, wenn Leute aus seinem Team gekränkt und verletzt sind oder mit Rückzug reagieren. Aber er schiebt es auf Missverständnisse, einen schlechten Tag des anderen und vertraut darauf, dass der Erfolg der gemeinsamen Arbeit über Unstimmigkeiten hinweghilft. Doch das ist trügerisch. Denn es braut sich eine negative Stimmung zusammen, die Leute im Team beginnen über Florian zu sprechen. Als ihn die ersten kritisieren, hat sich die Kritik längst von den Situationen gelöst, in denen Probleme entstanden waren. Der Unmut hat sich verstärkt, verallgemeinert und verschärft. „Machtmensch", „unflexibel", „die Liebe fehlt" – mit solchen Worten hageln Vorwürfe auf Florian ein und er weiß nicht, ob es Sinn hat, sich zu rechtfertigen oder nicht. Würde er nicht auch noch als unkorrigierbar gelten, wenn er sich jetzt wehrt? Vergeblich hält er nach jemandem Ausschau, der ihn in Schutz nimmt. Und wo ist Gott in alledem? Hat er nicht seinen Segen auf die Kinderarbeit gelegt?

Erst Jahre später wird Florian klar, dass er Opfer seines Vermeidungsverhaltens geworden ist: Er ist den Gefühlen anderer aus dem Weg gegangen, statt nachzuhaken, wenn Spannungen und Verletzungen aufgetreten sind. Er hat manche Probleme ausgesessen, statt sich ihnen zu stellen, weil er unsicher war und weil es ihn aus dem Konzept brachte, wenn andere emotional wurden. Während er einer Unsicherheit aus dem Weg ging, hat sich eine viel schlimmere Gefahr zusammengebraut.

Eine dritte Glaubensgeschichte zeigt, wie Glaubende im Namen der Sicherheit Möglichkeiten ausschlagen, die Gott schenkt.

Jens war so verliebt, er hätte alles für Rahel getan. Trotzdem hat Rahel ihn in einem Bereich nicht herausgefordert. Als Jens ein Kind war, gehörte seine Familie einer sehr konservativen Freikirche an. Später hat er sich vom Glauben distanziert. Als Rahel ihn kennenlernte, stand eine Frage im Raum: Wird es überhaupt möglich sein, in der Beziehung den Glauben gemeinsam zu leben, und zwar so, dass sich Jens damit wohlfühlt? Doch weil es so schön war, ist Rahel dieser Frage ausgewichen.

Heute ist Jens weiter distanziert vom Glauben. Er möchte nicht gemeinsam mit ihr beten. Er will auch keinen Gottesdienst besuchen. Wenn Rahel anspricht, dass ihr etwas fehlt, fühlt sich Jens unter Druck gesetzt. Bei Lebensentscheidungen liegen die Maßstäbe von Rahel und Jens inzwischen so auseinander, dass Rahel schon viele Kompromisse eingegangen ist, die sie heute noch schmerzen.

Rahel hat Schuldgefühle gegenüber Gott: „Warum habe ich nicht deutlich gesagt, dass du für mich das Wichtigste in meinem Leben bist? Hätte ich nicht dafür kämpfen können, dass wir eine gemeinsame Basis für unseren Glauben finden? Und hätte ich die Beziehung nicht nochmal prüfen müssen, wenn das nicht gelingt? Habe ich dich damit sogar verleugnet?"

Der Stachel Vermeiden ist ein stiller Schutzmechanismus. Wenn der Stachel in Glaubenskrisen führt, dann geschieht das auf eine stille Weise, wie bei einer Krankheit, die lange unentdeckt bleibt, weil sie zunächst kaum Symptome verursacht.

Gott zeigt dir, was dich sicher macht

Angst verführt Glaubende dazu, sich falsche Sicherheiten aufzubauen. Manche vertrauen dann auf materielle Sicherheit oder feste Regeln, die sie für verlässlich halten. Andere fühlen sich sicherer, wenn sie eine skeptische Distanz einhalten. Wieder andere lehnen sich an Autoritäten an. Und eine letzte Gruppe ängstlich Glaubender versucht, ihr Leben von Leid abzuschirmen. Wenn wir das spirituell betrachten, sehen wir: Solche Sicherheiten drängen Gott an den Rand des Lebens. Denn was einem Sicherheit gibt, das behält man im Blick und das bestimmt das eigene Denken, Fühlen und Wollen. Doch dann verpasst man Glaubenserfahrungen, die nur möglich werden, wo man seine Sicherheiten einmal hinter sich lässt.

Auch Jesus stand vor Menschen, die sich vor dem Falschen fürchteten. Die Menschen hätten gerne etwas gehört, was sie beruhigt. Doch falscher Seelentrost beruhigt zwar, führt aber zur Verdrängung, und die kann gefährlich werden. Echte geistliche Leitung kann Menschen auch einmal erschrecken, weil sie auf Gefahren aufmerksam macht. Aber wahre Sicherheit gewinnt nur, wer die Gefahren kennt, ihnen ausweichen oder Schutz suchen kann.

Wenn Jesus zu ängstlich Glaubenden spricht, geschieht also beides: Er befreit Menschen von den Fesseln falscher Ängste und schützt sie zugleich vor echten Gefahren. Wenn das Vermeiden der Stachel Ihres Glaubens ist, kann Ihnen eine Gleichnisgeschichte dabei helfen, Ihren Kurs zu korrigieren.

Umkehren

Ein vermögender Mann, erzählt Jesus, will verreisen. Er vertraut seinen Dienern sein Bargeld an. Als der Mann von der Reise zurückkehrt, haben zwei Diener gut gewirtschaftet. Sie händigen ihm das Doppelte der anvertrauten Summe aus. Der Mann spricht seine Freude und Wertschätzung aus. Er stellt die Diener in eine größere Verantwortung. Ein Diener allerdings hat das Geld vergraben und gibt es dem Mann nun zurück. Sein Verhalten begründet er mit Angst: „Herr, ich wusste, dass du ein harter Mann bist. Du erntest, wo du nicht gesät hast, und sammelst ein, wo du nicht ausgestreut hast. Deshalb hatte ich Angst und vergrub dein Talent in der Erde" (Mt 25,24; NGÜ).

> Glaubenserfahrungen werden nur möglich, wo man seine Sicherheiten einmal hinter sich lässt.

Doch der vermögende Mann lässt diese Vermeidung nicht gelten: „Du böser und fauler Mensch! Du hast also gewusst, dass ich ernte, wo ich nicht gesät habe, und einsammle, wo ich nicht ausgestreut habe. Da hättest du mein Geld doch wenigstens zur Bank bringen können; dann hätte ich es bei meiner Rückkehr mit Zinsen zurückbekommen" (Mt, 25,26-27; NGÜ). Er trennt sich von seinem Diener und lässt ihn hinauswerfen.

Jesus sieht Gott in dem vermögenden Mann. Gott befiehlt, kontrolliert und sanktioniert nicht. Menschen sind daher zunächst frei darin, wie sie ihr Leben einsetzen. Trotzdem ist es nicht beliebig, wie Menschen mit ihren Lebensmöglichkeiten umgehen. Irgendwann werden sie vor dem stehen, dem sie ihre Lebensmöglichkeiten verdanken, und werden gefragt, was sie aus diesen gemacht haben.

Im Mittelpunkt der Geschichte steht der Diener, der sein Geld aus Angst vergraben hat. Der Diener steht für Glaubende, die ihre Lebensmöglichkeiten aus Angst nicht ergreifen. Jesus zeigt mit dieser Geschichte eine echte Gefahr auf: Angst lässt Menschen am Leben und an ihrer Bestimmung vorbeigehen. Sie trennt sie letztlich auch von Gott.

Jesus hat andere Geschichten erzählt, die Glaubende von der Angst vor Gott befreien. Aber er setzt ein aufrüttelndes Bild ein, wo er auf eine Vermeidungshaltung trifft, die immer ein „Aber", oder ein „Was, wenn ..." findet.

Doch selbst wenn er eindringlich warnt, wählt Jesus die sanfte Form einer Gleichnisgeschichte. Die in Bildern verborgene Wahrheit kann jeder Glaubende auf seine eigene Art und Weise und in seinem eigenen Tempo an sich heranlassen. Wenn Jesus ängstlich Glaubenden persönlich begegnet, zeigt er sich geduldig und taktvoll. Besonders gut zeigt das eine Begebenheit, von der uns der Evangelienschreiber Johannes berichtet: Nikodemus, ein führender Glaubensgelehrter, sucht Jesus nachts auf. Offenbar hat er Angst, wie andere auf diese Annäherung an Jesus reagieren könnten. Nikodemus begründet seinen Besuch so: „Rabbi, wir wissen, dass du ein Lehrer bist, den Gott gesandt hat. Denn niemand kann solche Wunder tun wie du, wenn Gott nicht mit ihm ist" (Joh 3,2; NGÜ). Damit stehen einige Fragen im Raum: Was beabsichtigst du? Wie stellst du dich zu unserer religiösen Praxis? Bist du etwa der Messias (der in den alten Schriften angekündigte Befreier Israels)? Die wichtigste Frage spart Nikodemus allerdings aus: Wenn Jesus wirklich von Gott geschickt wurde, dann ist das nicht nur von allgemeinem Interesse, sondern muss auch für Nikodemus selbst Folgen haben. Doch statt sich auf die drängende persönliche Frage einzulassen, bewegt sich Nikodemus auf der sicheren Ebene eines theologischen Gespräches. Er bleibt auf Distanz. Doch genau das lässt Jesus nicht zu. Er tritt auf Nikodemus persönlich zu. Im

> Wenn Jesus ängstlich Glaubenden persönlich begegnet, zeigt er sich geduldig und taktvoll.

Lauf des weiteren Dialoges können wir beobachten, wie Nikodemus immer wieder auf eine theoretische Ebene ausweicht und wie ihn Jesus unbeirrt persönlich anspricht. Auf diese Weise überwindet Jesus das Vermeidungsverhalten von Nikodemus (Joh 3,1-22). Dass er damit

> Ängstlich Glaubende sind zu einer Kurskorrektur aufgerufen, wo sie ihre Lebensmöglichkeiten aus Angst nicht nutzen und sich in persönliche Sicherheitszonen zurückziehen.

Erfolg hat, zeigt Johannes am Ende seines Evangeliums. Er berichtet, wie Nikodemus aus seiner Deckung herausgetreten ist: Nachdem Jesus gekreuzigt ist, sorgt er zusammen mit Josef von Arimathäa dafür, dass Jesus ein würdiges Begräbnis erhält (Joh 19,39). Ein Interesse, das Distanz wahrt, hat sich in ein persönliches Engagement gewandelt, das nicht ohne Risiko ist.

Sowohl an der aufrüttelnden Botschaft Jesu als auch an seiner behutsamen persönlichen Konfrontation können wir ablesen, wo ängstlich Glaubende zu einer Kurskorrektur aufgerufen sind: nämlich da, wo sie ihre Lebensmöglichkeiten aus Angst nicht nutzen und wo sie sich in persönliche Sicherheitszonen zurückziehen. Wenn Sie sich hier wiederfinden, können Sie sich eines der folgenden Bußgebete zu eigen machen.

Def. des Stachels

- „Herr, ich bin geizig. Nicht mit Geld. Aber mit mir selbst. Ich verstecke mich hinter einem korrekten Auftreten. Ich bleibe auf Distanz. Wie soll ich andere dann lieben? Herr, hilf mir, mich zu öffnen. Und mach mich stark für das, was dann passiert. Ich habe Angst."

- „Gott, ich bin ein kleiner Pharisäer geworden. Meine religiösen Regeln sind mir wichtiger als Menschen. Ich halte mich an ihnen fest, als ob mein Leben davon abhinge. Dabei verliere ich deine Ziele aus dem Blick. Verzeih mir. Ich will lieber mehr Fehler machen und aus deiner Vergebung leben. Lass deine Liebe zum Motor meines Lebens werden."

- „Vater im Himmel, ich bin ein schrecklicher ‚Aber'-Sager in unserem Bibelkreis. Ich gebe zu, dass mir dein Wort Angst macht. Es klingt so hart. Und so radikal. Und man kann es so schnell missverstehen. Aber verzeih mir, wenn ich im Zweifeln und Zögern stecken bleibe. Es ist ja das Wort deiner Liebe. Mach mich mutiger. Schenk mir das Glück, dein Wort zu hören und zu tun."

- „Jesus, ich bin wie Petrus, der nicht wollte, dass du leiden musst. Ich habe Angst vor dem Leiden. Ich würde am liebsten nichts mit Leuten zu tun haben, denen es nicht gut geht. Stopp mich, wenn ich in oberflächliche Gespräche und Vergnügungen fliehe. Lehre mich, so mitzuleiden und mitzufühlen wie du. Und lass mich vertrauen, dass nach dem Leid wieder Freude kommt, so wie nach deinem Leiden die Auferstehung kam."

- „Herr, ich habe Bill W. zu meinem Guru gemacht. In allen Zweifelsfragen habe ich mich an seine Meinung gehängt. Das hat mir Sicherheit gegeben. Aber damit habe ich ihn an deine Stelle gesetzt. Hilf mir, die Unsicherheit auszuhalten, dass ich manchmal nicht gleich weiß, was du mit deinem Wort sagen möchtest."

- „Herr, so oft bin ich vor Schritten zurückgeschreckt, die eindeutig dran waren: auf jemanden zugehen, etwas ändern in meinem Leben, eine Herausforderung annehmen. Immer hat mich die Angst abgehalten. Und danach habe ich mich schuldig gefühlt. Warum vertraue ich nicht, dass du mich schützen kannst? Bitte vergib mir meinen kleinen Glauben. Zeig mir, wie ich meine Angst überwinden kann."

Die Beter in diesen Beispielen haben sich zu ihrem Vermeidungsverhalten bekannt und sich von diesem abgewandt. Nun muss etwas Neues an dessen Stelle treten.

Einen Zugang finden

Wie blicken Glaubende über das hinweg, was ihnen bedrohlich erscheint? Wie heben sie ihren Blick auf zu Gott? Wie finden sie bei ihm echte Sicherheit? Ganz unterschiedliche Glaubensgeschichten zeigen, wie das geschehen kann.

Vom Schreck aufgeweckt. Am Tag vor der Prüfung wurde Carsten schwindlig. Sein Zimmer schwankte und drehte sich. Die Karteikarten verschwammen vor seinen Augen. Der Arzt schrieb ihn krank. Er verschrieb ihm Betablocker, mit denen Carsten die Prüfung später bestand.

Danach war Carsten tief verunsichert. „Worauf verlässt du dich?", fragte Carstens bester Freund herausfordernd.

Die Antwort wollte Carsten gar nicht aussprechen: „Ich verlasse mich auf meine disziplinierte, fast perfekte Vorbereitung, darauf, dass ich nichts dem Zufall überlasse …"

Carsten war mit dem Glauben aufgewachsen. Trotzdem war er blind für eine Tatsache, die eigentlich offensichtlich war: „Ich habe mich auf meine Kräfte verlassen. Ich habe mich nicht nur überanstrengt, sondern auf eine Grundlage gebaut, die jederzeit einbrechen kann und die wohl der Grund für meine Prüfungsangst ist: Was geschieht, wenn ich mich einmal verplane und die Kontrolle verliere? Was passiert, wenn ich mit meinen Kräften einmal ans Ende komme? Ist dann das Leben am Ende?"

Carsten notierte einen Entschluss in sein Gebetstagebuch: „Ich werde mich nicht mehr davor fürchten, dass ich nicht gut genug vorbereitet bin. Ich werde mich nur noch davor fürchten, dass ich dir, Gott, deiner Vorsehung und Hilfe, nicht genug vertrauen könnte. Ich werde mich nicht vor Prüfern, Chefs, Kollegen oder Kunden fürchten. Ich fürchte mich nur noch vor meiner Ängstlichkeit, die mich für deine guten Kräfte verschließt."

Es war kein Schwindel, mit dem Carsten durch die nächsten Tage ging. Es war eine wohlige Benommenheit, die Carsten einmal erlebt hatte, als er verliebt war. Der Boden trug seine Schritte sicher. Die Luft füllte seine Lungen – ein Element, das Carsten weder herstellen noch als Vorrat anlegen konnte. Der Himmel war weit über ihm gespannt, wie eine Umarmung Gottes. „Er ist da", spürte Carsten. „Das genügt."

━━━━━━━━━

Der Halt einer Überzeugung. „Ich bin ein Angsthase", gesteht Jürgen. „Echt. Ich bekomme Herzflattern, wenn andere auf mich sauer sind oder mich missverstehen. Ich achte darauf, dass mich andere nicht überfordern, und ich mich selbst auch nicht. Ach, ich könnte dir noch tausend Beispiele nennen."

Jürgen blickt seine Freundin an und sein Gesicht zeigt Entschlossenheit: „Aber wenn ich eine Gefahr kommen sehe, dann kann ich mutig sein. Dann stelle ich mich zur Not auch unserem Pastor, meinem Chef oder meinem Vater entgegen. Dann sage ich: ‚Wenn du so weitermachst, dann könnte es entsetzlich schiefgehen'. Verrückterweise habe ich dann keine Angst. Auch wenn andere schon ziemlich sauer geworden sich oder sich über mich lustig gemacht haben. Meist ist dann später eingetroffen, wovor ich gewarnt habe."

„Das ist eine Gabe", gibt Jürgens Freundin zurück.

„Ach", wehrt Jürgen ab, „häng das jetzt nicht so hoch."

„Doch", beharrt seine Freundin. „Gott ist auf deiner Seite. Du spürst, dass es absolut richtig ist, was du tust und sagst. Und dann weißt du, dass dir nichts passieren kann."

„Vielleicht", wägt Jürgen ab. „In solchen Momenten bin ich nicht ich selbst. Da wachse ich über mich hinaus. Vielleicht muss ich mir bewusst machen, dass das mit Gott zu tun hat. Vielleicht erfahre ich danach öfter, dass die Angst verfliegt, wenn ich nur für das Richtige eintrete."

———————

Stärker als gedacht. Sigrid erlebt den ersten entspannten Moment seit Wochen. Sie umklammert die warme Teetasse und schüttelt den Kopf: Michaels Krebserkrankung, dann die Diagnose von Ben, die den Gendefekt bestätigt, dann der Verlust ihrer Teilzeitstelle. „Warum schützt du mich nicht?", hat Sigrid gebetet. „Warum muss es immer noch schlimmer kommen?"

Nie hätte Sigrid gedacht, dass sie so etwas aushalten könnte. „Vielleicht", betet Sigrid jetzt, „hilfst du mir, indem du mich stark machst?" Ihr fallen viele Situationen ein, in denen sie übermenschlich viel Kraft und Zuversicht aufgebracht hat. Wenn sie die vergangenen Monate durchgestanden hat, wovor sollte sie sich noch fürchten? Sigrid spürt, wie ihre Gelassenheit und auch ihr Mut wachsen. „Früher war ich ein ängstliches Huhn", denkt Sigrid, „das schon bei einem lauten Geräusch aufgeflattert ist."

———————

Gottes Vaterschaft entdeckt. Eigentlich ist Ralf ein Kopfmensch. Wenn andere längst handeln, denkt er noch nach. Andere schätzen seine Überlegtheit und seine Ruhe und dass er in Situationen eine Lösung findet, in den andere schon verzweifeln. Doch seine Bedächtigkeit hat auch eine Schattenseite: In Gesellschaft kommt Ralf oft zu kurz. Bis er sich äußern kann, hat das Gesprächsthema meist schon gewechselt. Auch seine Frau hat selten die Geduld, die langen Wege mitzugehen, die es braucht, bis Ralf seine Gedanken oder Gefühle geordnet hat und diese äußern kann.

Gott ist da anders, fällt Ralf an einem Tag auf, dessen Datum er heute noch nennen könnte. Er hat unendlich viel Geduld mit mir. Er hört mir so lange zu, bis es draußen ist, was ich ihm sagen will. Er meldet sich auch ein drittes und viertes Mal, wenn er mir etwas zeigen will – bis es mir zu Herzen geht. Ralf empfindet eine tiefe Freude darüber, denn Gott ist in dieser Hinsicht, wie sich Ralf seinen Vater gewünscht hätte. Er legt eine CD mit Liedern ein, die die Freude an Gott ausdrücken. Er tanzt dazu. Es wäre ihm überaus peinlich, wenn ihn seine Frau so sehen würde: Nicht, weil sie ihn nicht tanzen sehen dürfte. Aber ein tanzender Ralf passt so wenig in das Bild, das sie von ihm hat. Sie würde sich fragen, ob mit ihm etwas nicht stimmt. Und bis er sich dann erklärt hätte ...

Ralf überkommen immer öfter Stimmungen, in denen er sich kindlich lebendig fühlt und spontan reagiert. Sein Umfeld reagiert zwar anfänglich überrascht, aber man gewöhnt sich schnell an Ralfs Veränderung.

„Wenn ich Gott nahe bin", sagt Ralf zu seiner Frau, „dann bin ich wie ein Kind, das sich sicher und glücklich fühlt. Ich genieße das. Denn als Kopfmensch habe ich schon viel verpasst, glaube ich. Und bin anderen vielleicht auch etwas schuldig geblieben."

„Mir zum Beispiel", schmunzelt Ralfs Frau.

So unterschiedlich die Zugänge von Glaubenden sein können, so sehr ähneln sich doch ihre Schlüsselerfahrungen: Sie finden bei Gott eine übernatürliche Geborgenheit, die unabhängig von den Sicherheiten ist, an denen sich Glaubende festgehalten haben. Glaubende erkennen die wahren Gefahren für ihr Leben und entgehen diesen, auch wenn sie sich dadurch auf Situationen einlassen müssen, die ihnen bislang bedrohlich erschienen sind. Sie treten in eine ungeahnte Freiheit und erleben Gott gerade dort als verlässlich, wo er ihre Sicherheiten und Erwartungen durchbricht. Wenn Glaubende solche Erfahrungen in ihrem Alltag festhalten, dann üben sie ein Vertrauen ein, das vermeintliche von echten Gefahren unterscheiden kann.

Sich beheimaten

Wenn wir betrachten, was Jesus zum Thema Angst sagt, könnte man zu dem Schluss kommen: Er hat eine merkwürdige Art, seine Schüler zu beruhigen. Jesus stimmt sie beispielsweise darauf ein, dass die junge Kirche gewaltsam unterdrückt werden wird: „Fürchtet euch nicht vor denen, die den Leib töten, die Seele aber nicht töten können, sondern fürchtet euch vor dem, der Seele und Leib ins Verderben der Hölle stürzen kann. Verkauft man nicht zwei Spatzen für ein paar Pfennig? Und doch fällt keiner von ihnen zur Erde ohne den Willen eures Vaters. Bei euch aber sind sogar die Haare auf dem Kopf alle gezählt. Fürchtet euch also nicht! Ihr seid mehr wert als viele Spatzen" (Mt 10,28-31; EÜ).

> Bei Gott finden Glaubende eine übernatürliche Geborgenheit, die unabhängig von den Sicherheiten ist, an denen sie sich festgehalten haben.

Worin besteht nun die Beruhigung? Jesus verspricht nicht: „Gott wird seine Allmacht einsetzen, niemand wird dir ein Haar krümmen." Er sagt stattdessen: „Gott ist in der Welt so wachsam und präsent, dass ihm nichts entgeht. Kein Spatzenflug entgeht seiner Aufmerksamkeit. Kein Haar auf deinem Kopf bleibt unbeachtet. Auch wenn du Spatzen für einen Spottpreis kaufen kannst, sind sie Gott seine volle Aufmerksamkeit und Fürsorge wert."

Und weiter? Was kommt dann noch? Nichts. Das muss reichen: Dem Glauben an Gottes aufmerksame Gegenwart entspringt eine übernatürliche Geborgenheit, wie sie sich in den Beispielen oben gezeigt hat. Zu welchen Erfahrungen das führt, zeigt sich auch im Leben des Jesus-Botschafters Paulus: „Wir erweisen uns als Gottes Diener, ob wir nun geehrt oder geschmäht werden, ob man Schlechtes über uns redet oder Gutes. Wir werden als Betrüger angesehen, aber wir halten uns an die Wahrheit. Wir werden nicht beachtet und sind doch anerkannt. Ständig sind wir vom Tod bedroht, und doch sind wir – wie ihr seht – immer noch am Leben. Wir werden schwer geplagt und kommen doch nicht um. Wir erleben Dinge, die uns traurig machen, und sind doch immer voll Freude. Wir sind arm und machen doch viele reich. Wir besitzen nichts, und doch gehört uns alles" (2. Kor 6,8-10; NGÜ).

Vermutlich wird Ihnen das Böse nie mit einer solchen Macht begegnen. Aber auch wo Ihr Leben vergleichsweise sicher ist, helfen Ihnen die Worte Jesu, Angst zu überwinden und sich auch dann von Ihren Überzeugungen leiten zu lassen, wenn es einmal ungemütlich wird.

Ein Erlebnis hat sich den Schülern Jesu wie ein Sinnbild eingeprägt. Dieses Bild hat auch auf heutige Glaubende eine Wirkung: „Eines Tages stieg Jesus mit seinen Jüngern ins Boot und sagte zu ihnen: ‚Wir wollen über den See ans andere Ufer fahren!' Während der Fahrt schlief Jesus ein. Plötzlich brach auf dem See ein schwerer Sturm los; das Boot füllte sich mit Wasser, und sie waren in großer Gefahr. Die Jünger stürzten zu Jesus und weckten ihn. ‚Meister, Meister', schrien sie, ‚wir sind verloren!' Jesus stand auf und wies den Wind und die Wellen in ihre Schranken. Da legte sich der Sturm, und es wurde ganz still. ‚Wo bleibt euer Glaube?', fragte Jesus seine Jünger" (Lk 8,22-24; NGÜ).

> Der Glaube muss uns befähigen, die Kraftfelder unserer Erfahrung zu verlassen und in das Kraftfeld Gottes einzutreten.

Was bringt die Schüler von Jesus wirklich in Not? Die unberechenbare Witterung am See Genezareth? Oder nicht vielmehr, dass sie vor der Naturgewalt mehr Respekt haben als vor der Macht Gottes, die durch Jesus ganz in ihrer Nähe ist?

Der Evangelist Johannes überliefert ein Jesuswort, das zusammenfasst, was die Antwort des Glaubens auf den Stachel Vermeiden ist: „In der Welt habt ihr Angst; aber seid getrost, ich habe die Welt überwunden" (Joh 16,33; L17). Jesus beseitigt nicht, was uns Angst macht. Er schafft aber die Grundlage für ein Vertrauen, das über Befürchtungen und Sorgen hinausführt.

Angst ist ein gewaltiger Antrieb. In ihm steckt die ganze Kraft unserer biologischen Instinkte und unseres Überlebenswillens. Eine religiös motivierte Verdrängung kommt nicht gegen die Angst an. Auch ein positives Denken wird wenig gegen sie ausrichten, selbst wenn es sich auf die Bibel stützt. Vielmehr muss uns der Glaube befähigen, die Kraftfelder unserer Erfahrung zu verlassen und in

> Die Augen des Glaubens finden Ziele, die mutig machen und motivieren, die eigenen Sicherheiten einmal aufzugeben.

das Kraftfeld Gottes einzutreten, in dem wir von anderen, übernatürlichen Einflüssen bestimmt werden. In der christlichen Tradition haben Glaubende dabei folgende Wege beschritten.

Aufmerksam sein – mit den Augen des Glaubens sehen. Ob wir die Welt so wahrnehmen, wie sie uns als Menschen vor Augen tritt, oder ob wir in ihr Gottes Wirken wahrnehmen, macht für unser Leben einen Unterschied: Die Augen des Glaubens entdecken immer einen sicheren Boden, auf den sich Glaubende stellen können. Sie sehen, wie Gott ihnen eine Hand reicht, die sie greifen können und an der sie sich aufrichten können, wenn sie einmal gefallen sind. Die Augen des Glaubens finden Ziele, die mutig machen und motivieren, die eigenen Sicherheiten einmal aufzugeben. Darauf lenken Glaubende ihre Aufmerksamkeit immer neu. So nehmen sie wahr, was ihnen leicht entgangen wäre.

- Probleme mögen uns überfordern, der Glaube sieht Menschen, die uns Gott zu Hilfe schickt. Er ahnt die Kräfte und Möglichkeiten, die Gott bereitstellt, damit wir ein Problem überwinden können.
- Wir mögen von unseren Gefühlen überwältigt sein, der Glaube nimmt Gottes Gegenwart in unserem Inneren wahr. Er spürt, wie von ihr Gefühle des Vertrauens, der Gelassenheit und der Zuversicht ausgehen.
- Unser menschliches Auge mag die Dinge sehen, die schiefgegangen sind oder schiefgehen könnten. Das Auge des Glaubens sieht, was gut ist, und zeigt uns Gründe zum Dankbarsein.
- Wir mögen manchmal beunruhigt zu Gott aufblicken, der Glaube aber sieht, dass Gott nur Liebe ist, und entdeckt auch da Liebe, wo Gott uns einmal Wege verbaut oder uns korrigiert.

Wenn wir unsere Aufmerksamkeit schulen, sehen wir immer deutlicher, wie sicher Gott unsere Vergangenheit, Gegenwart und Zukunft umfasst. Das gelingt umso besser, je mehr wir von der Wirklichkeit Gottes wissen. Dabei hilft der zweite Zugang.

Betrachten (Kontemplation). Dabei betrachten Glaubende einen Bibeltext so lange, bis sich die Wirklichkeit zeigt, auf die das Wort verweist. Sie ziehen sich zurück und schirmen sich von Ablenkungen ab. Sie konzentrieren sich betend auf ein Bibelwort, versuchen aber nicht, das Wort mit dem Verstand zu erfassen. Stattdessen setzen sie sich dem Wort vertrauensvoll aus, um sich von diesem erfassen zu lassen.

Manchmal hilft dabei unsere Fähigkeit, uns Dinge bildlich vorzustellen und uns in diese Vorstellung zu vertiefen. So könnten Sie sich vor Augen führen, wie Gott die Haare auf Ihrem Kopf zählt oder wie Jesus den Sturm beruhigt. Bei solchen Bildern verweilen Glaubende dann betend. Sie

> In einem Bekenntnis drückt sich der Glaube aus, dass die unsichtbare Wirklichkeit des Glaubens stärker ist als die Realität unserer Lebensumstände.

lassen zu, dass sich die Bilder vor ihrem inneren Auge verändern. So könnte Jesus auch Ihren Gefühlen Stille gebieten und Sie sehen, wie sich die Wogen in Ihrem Inneren glätten. Dabei offenbart der Geist Gottes tiefere Wahrheiten. Er hilft auch, dass Wahrheiten vom Kopf ins Herz finden.

Manchmal schweift die Fantasie allerdings ab. Sie zieht uns in bizarre Bilder hinein, wie es auch in unseren Träumen geschieht. Glaubende, die sich in der Kontemplation üben, folgen solchen Bildern nicht. Sie ergründen auch nicht deren unbewusste, symbolische Bedeutung, sondern lenken ihre Aufmerksamkeit einfach wieder zu dem Bild zurück, wie es das Bibelwort nahelegt.

Kontemplation ist gleichermaßen aktiv und passiv. Aktiv ist sie, wo sie sich von anderen Reizen abschirmt und sich auf ein Bibelwort konzentriert. Passiv ist sie im Hinblick darauf, was in der Begegnung mit dem Wort geschieht und auf welche Weise sie in die Wirklichkeit hineingezogen wird, die das Wort ausdrücken will.

Was Glaubende erkannt haben, müssen sie in ihrem Alltag manchmal behaupten. Denn dieser konfrontiert sie mit anderen Wirklichkeiten. Dabei hilft der dritte Zugang.

Bekennen (Proklamation). Ein Bekenntnis ruft die Wirklichkeit Gottes aus, auch wenn meine menschliche Wirklichkeit das Gegenteil dessen ist, was die Einladung von Jesus verspricht. Wo in der Vergangenheit viel schiefgegangen ist, da spreche ich aus: „Wenn du willst, Gott, wirst du mich einen neuen Weg führen und Gelingen schenken. Aber weil ich dich habe, habe ich ohnehin schon alles. Auch wenn alles schiefgehen sollte, bleibt mir deine Freude und der Reichtum, dass du mich liebst." Wo mich Menschen in Angst versetzen, bekenne ich: „Keiner kann mir ein Haar krümmen, wenn Gott es nicht will."

In einem Bekenntnis drückt sich der Glaube aus, dass die unsichtbare Wirklichkeit des Glaubens stärker ist als die Realität unserer Lebensumstände. Viele Glaubende erleben genau das, wenn sie sich zu einer Wirklichkeit bekennen, für die sich Jesus verbürgt hat. Plötzlich verspüren sie eine innere Ruhe mitten in unsicheren Lebensumständen. Unerwartet entdecken sie eine beglückende Gemeinschaft, die eigene Fehler und böse Überraschungen vergessen lässt.

In manchen Traditionen glaubt man, dass ein Bekenntnis mehr bewirkt, wenn es vor anderen Menschen ausgesprochen wird. Warum sollten Glaubende nicht auch zu dem stehen, wovon sie überzeugt sind? In manchen Situationen würde ein Bekenntnis aber aufdringlich oder befremdend wirken. Wer dann fürchtet, dass sein Festhalten an Gott nichts gilt, wenn er es nicht kundtut, der setzt sich selbst unter Druck. Wo geistliche Hilfen zur Methode werden, von der man nicht abweichen darf, ist man dem magischen Denken näher als einem lebendigen Gottvertrauen.

Aufmerksam-Sein, Betrachten und Bekennen öffnet unseren Alltag für die Wirklichkeit Gottes. Ein vierter Zugang fehlt noch: das Aufbrechen – ein Handeln im Glauben, das im Vertrauen auf Gott etwas wagt und dadurch in seine Wirklichkeit hineintritt.

(Die Anfangsbuchstaben der vier Zugänge – Aufmerksam-Sein, Betrachten, Bekennen und Aufbrechen – verbinden sich zu ABBA, einem aramäischen Kosewort für ‚Vater‘, das Jesus für Gott verwendet hat. Diese Merkhilfe können Sie einsetzen, wenn Sie sich die vier Zugänge in Erinnerung rufen wollen.)

Auch die folgenden Bibelstellen helfen Ihnen, die wahren Gefahren von falschen Befürchtungen zu unterscheiden und ein Vertrauen wachsen zu lassen. Es gibt viele andere Worte zu diesem Thema. Ergänzen Sie diese Liste gerne, wo ein Bibelwort zu Ihnen spricht und Ihr Vertrauen erneuert.

- 2. Kor 9,6-8 – eine Einladung zu einer vertrauensvollen Großzügigkeit;
- Mt 6,24-34 – eine kleine Schule der Sorglosigkeit;
- Lk 23,39-43 – Jesus vertreibt die Angst vor Fehlern, vor Sünde, vor einer Strafe Gottes;
- Joh 10,1-18 – nicht leicht zu verstehen, aber eine tiefe Offenbarung, wie Jesus für die sorgt, die zu ihm gehören;
- Röm 8,31-38 – weil Gott da ist, verliert alles seinen Schrecken;
- Röm 8,28 – Gott macht alles gut und kann selbst aus Schlechtem Gutes entstehen lassen (vergleiche auch das Happy End der Josefsgeschichte in 1. Mo 50,20) ;
- Psalm 23 – ein Urbild der Geborgenheit in Gott;
- Psalm 91 – eine Proklamation der Geborgenheit inmitten von Gefahren.

Aufbrechen

Wenn Sie sich der wahren Gefahren bewusst sind, bringen Sie im Glauben den Mut auf, auch einmal ein Risiko einzugehen. Das kann auf folgende Weise konkret werden.

Scheuen Sie die Spannung des Glaubens? Die Begegnung mit der Botschaft von Jesus führt jeden in ein Spannungsfeld: hier der herausfordernde Lebensstil des Glaubens, da unsere begrenzten menschlichen Möglichkeiten.

Treten Sie in dieses Spannungsfeld hinein. Gehen Sie auf dem schmalen Grad zwischen Heuchelei (die glaubt, aber die menschlichen Realitäten verleugnet) und Unglauben (der realistisch ist, aber nicht mehr mit Gottes Möglichkeiten rechnet). Wo Sie sich auf ein Wort der Bibel stellen können: Glauben Sie geduldig gegen Ihre Lebenswirklichkeit an, bis die Wirklichkeit Gottes durchbricht. Dieses Spannungsfeld mag ungemütlich sein und Ängste wecken. Doch der Glaube führt oft in eine Spannung, und wer ihr ausweicht, begrenzt seine Beziehung zu Gott. Kleine Schritte in ein Spannungsfeld führen zu Erfahrungen, die Sie mutiger machen: Ihre konfliktbereite Liebe erweist sich in einer schwierigen Beziehung stärker als die Angst. Oder Sie meistern eine Situation, weil Gott Ihnen unverhofft hilft oder Ihnen ein übernatürliches Durchhaltevermögen schenkt.

Halten Sie sich an falschen Sicherheiten fest? Dann treffen Sie einmal eine Entscheidung, die Sie zwingt, Gott im Ungewissen zu vertrauen: Lösen Sie ein finanzielles Polster durch eine größere Spende auf, wenn das in Ihrer Lebenssituation zu verantworten ist; wenn Sie Rechtgläubigkeit zu hoch hängen, suchen Sie Gott doch einmal in einer anderen christlichen Tradition, deren Sichtweise Ihnen fremd ist; wenn es Ihnen übertrieben wichtig ist, von anderen akzeptiert zu werden und sich nicht angreifbar zu machen, dann legen Sie sich doch einmal mit jemandem an, wenn es um eine Sache geht, um die es sich zu streiten lohnt.

Meiden Sie Menschen, denen es schlecht geht? Dann suchen Sie doch einmal die Berührung mit ihnen und erwarten Sie, dass Gott Ihr Mitleid und Ihre aufgewühlten Gefühle in Freude verwandelt.

Gibt es Fragen im Glauben, die Sie beunruhigen? Ob Sie für Gott gut genug sind, ob Gott Sie vielleicht für Fehler straft, ob Sie in die Hölle kommen? Treten Sie im Glauben aus der ängstlichen Abhängigkeit heraus! Treffen Sie eine mündige Gewissensentscheidung, z.B.: „Ich vertraue auf einen Gott, der liebevoll ist und niemanden in die Hölle schickt, nur weil er bestimmten religiösen Standards nicht genügt. Gott wird für sein Urteil Maßstäbe finden, die mich positiv überraschen und mich über seine Liebe und Gerechtigkeit staunen lassen." Grübeln Sie nicht mehr. Stellen Sie sich immer neu zu Ihrer eigenen Gewissensentscheidung. Später folgen Ihre Gefühle, es stellt sich allmählich ein Gewissensfrieden ein.

Der Stachel Vermeiden folgt der Logik der Angst. Allerdings kann man Angst nicht nur überwinden, indem man ihr ausweicht. Glaubende können sich auch in eine Stärke fliehen, die die Angst nicht mehr spürt und im Zweifelsfall anderen Angst einjagt. Damit wollen wir uns im nächsten Kapitel beschäftigen.

Wenn Glaubende zu stark sind

- Können Sie Niederlagen nur schwer akzeptieren?
- Üben Sie manchmal eine Autorität aus, die Ihnen nicht von Gott verliehen ist?
- Gestehen Sie es sich nicht gerne ein, wenn Sie schwach sind?
- Und machen Sie es Gott dadurch schwerer, Sie zu schützen?

Wenn ja, dann könnte Zu-stark-Sein der Stachel Ihres Glaubens sein.

Der Glaube führt zu einem Lebensstil der Verwundbarkeit. Das kann man schon an der Lebensgeschichte Jesu ablesen, wie sie im Neuen Testament überliefert ist: Er kommt als Baby in die Welt. Seine Eltern haben wenig Einfluss und wenig Mittel. Sie finden keinen würdigen Raum für die Geburt. Kaum ist Jesus auf der Welt, will ein König ihn töten, weil er die alte Prophetien missversteht. Jesu Familie muss nach Ägypten fliehen, bis die Gefahr vorüber ist.

> Der Glaube führt zu einem Lebensstil der Verwundbarkeit.

Verwundbarkeit bleibt ein Merkmal des Lebens Jesu, das mit seiner Hinrichtung endet. Zu diesem Lebensstil lädt Jesus schließlich auch seine Schüler ein. Doch wem nützt das? Die Welt ist voller Unehrlichkeit, Selbstsucht und Gewalt. Wer hat etwas davon, wenn ich dem Leid der Welt noch mein eigenes Leiden hinzufüge?

Darauf antworten das Leben und die Botschaft von Jesus: Der Machtverzicht Jesu öffnet sein Leben zu Gott hin, der seine Macht dort offenbart, wo Jesus mit leeren Händen dasteht. Außerdem gehört Verwundbarkeit zum Wesen der Liebe, die im Zentrum der Botschaft Jesu steht: eine Liebe, die niemanden einschüchtert und die lieber selbst leidet, als andere leiden zu lassen. Wenn Zu-stark-Sein der Stachel Ihres Glaubens ist, dann fordert Sie das zu einer heiligen Verwundbarkeit heraus. Sie entdecken in einer leidensbereiten Liebe Ihre wahre Stärke. Aber betrachten wir zuerst, wie sich dieser Stachel zeigt und wie er sich auf den Glauben auswirkt.

Stark sein um jeden Preis

Gottes Schutz nicht annehmen. Aus einem Obdachlosenfrühstück ist schon fast ein kleines Hilfswerk geworden. Es gibt eine Kleiderkammer, eine medizinische Sprechstunde und einen Nachmittagstreff. Die Kirchengemeinde wurde schon mehrfach in der Presse gewürdigt. „Ohne dich gäbe es das alles nicht!"

Wenn Andreas ein solches Lob hört, winkt er ab: „Und ohne die 40 anderen Mitarbeiter auch nicht."

Doch Andreas hat das alles aufgebaut. Er hat die Kräfte der Mitarbeiter gebündelt. Er hat klare Ansagen gemacht, wenn übermotivierte Fromme die Obdachlosen mit „Gott liebt dich"-Sprüchen bedrängt haben. Andreas war innerhalb von zehn Minuten da, wenn es zu einer Prügelei kam oder jemand betrunken zum Treff kam.

„Wie hältst du das eigentlich aus?", fragt eine feinfühlige Mitarbeiterin. „Die rufen dich ja sogar am Sonntag an."

„Passt schon", antwortet Andreas und lächelt ein Lächeln, das wie Galgenhumor wirkt.

„Mhm", antwortet die Mitarbeiterin zweifelnd. „Sag mal. Du hast Probleme mit dem Rücken, oder? Du lässt dir nichts anmerken, aber wenn du aufstehst, geht ein Zucken durch dein Gesicht. Und sag jetzt nicht: ‚Passt schon.' Und deine Ulla sieht fertig aus. Die leidet doch mit, wenn du so beansprucht wirst. Manchmal habe ich Angst, dass ihr beide zusammenbrecht. Gott möchte doch auch euch schützen, nicht nur die ganz Schwachen."

Andreas schmunzelt und zuckt mit den Schultern. Er wirkt aber nachdenklich.

Niederlagen nicht akzeptieren. Bevor Gisela auf „senden" klickt, zögert sie einen Moment. Es muss einfach sein, denkt sie, und schickt die Rundmail an ihr Team ab.

Ihr Lieben,
ich habe nochmal über unser Treffen nachgedacht. Wir sollten alle nochmal darüber nachdenken, wie wir Entscheidungen treffen. Wenn du, Yvonne – verzeih mir, wenn ich das so offen sage –, deinen Kurs einfach durchziehst und auf andere Wünsche keine Rücksicht nimmst, dann gehen viele gute Ideen unter. Außerdem wird jeder entmutigt, der nicht „auf Linie" ist. Ich finde, wir sollten nochmal neu über die Schwerpunkte des nächsten Quartals sprechen. Erst wenn wir uns einig werden, können wir von einer Einheit in unserem Team sprechen. Dann haben wir auch eine positive Ausstrahlung nach außen. So weit mal meine Gedanken. Habt einen schönen Tag,

Gisela

Ob Yvonne einen schönen Tag hat? Die übrigen im Team spüren eine Beklemmung, als sie die Mail erhalten. Offenbar akzeptiert Gisela den Mehrheitsbeschluss nicht. Aber muss man ihr deshalb nachgeben und alles nochmal von vorne besprechen?

Autorität, die nicht von Gott verliehen ist. „Was ist denn vorhin in dich gefahren?", fragt Achims Freund.
„Ich habe doch nur ein paar Fragen gestellt", sagt Achim und grinst vergnügt.
„Du hast unseren Pastor bloßgestellt. Er stand da wie ein Heuchler."
Achim blickt nun entschlossen: „Der dreht sich wie ein Fähnchen im Wind. Vor den liberalen Leuten in der Gemeinde tut er liberal, vor den Konservativen tut er bibeltreu. Das ist doch Heuchelei."
„Vielleicht hält er so den Laden zusammen." Achims Freund wirkt wütend. „Und selbst wenn du recht hättest: Wer sagt, dass deine

Konfrontation nicht mehr schadet, als sie nützt? Hat dich Gott dazu beauftragt?"

„Wahrheit ist immer gut", beharrt Achim, klingt aber schon nicht mehr so sicher.

━━━━━━

Gottes Machtbegrenzung übergehen. „Erst schreist du mich an", sagt Marks Tochter bitter, „und jetzt schlägst du die Bibel auf? Super!"

„Ich schreie nicht", antwortet Mark energisch. Er kann sich auch nicht auf das konzentrieren, was sein Bibelleseplan für heute vorgibt. Stattdessen malt er sich aus, wie er seine Tochter zur Vernunft bringt, wenn sie sich weiter auflehnt.

„Schenke ihr, dass sie gute Autorität annehmen kann", betet Mark. „Und dass sie deine Autorität hinter meiner Autorität als Vater sieht."

Der Stachel Zu-stark-Sein wirkt sich unterschiedlich auf den Glauben aus: Manche wollen nicht verwundbar sein und nehmen Gott dadurch die Möglichkeit, sie zu schützen. Andere können Niederlagen nicht gut annehmen. Sie verwickeln sich in Kämpfe, bei denen die Liebe auf der Strecke bleibt. Wieder andere treten mit einer Autorität auf, die Gott ihnen nicht verliehen hat: Sie streiten für die Wahrheit oder für andere Ziele, tun dies aber nicht im Geist Jesu, der lieber selbst leidet, als dass er andere leiden lässt.

Warum schützen sich Glaubende durch übertriebene Stärke? Der Ursprung dieses Selbstschutzes liegt in der Kindheit verborgen. Manche Kinder treffen früh eine

> Jeder Machtausübung Gottes geht seine Verwundbarkeit und Leidensbereitschaft voraus.

Entscheidung: „Ich darf nicht schwach sein, sonst werde ich verletzt und klein gemacht. Nur wenn ich stark bin, komme ich gut durchs Leben und kann andere beschützen, die sich nicht so gut wehren können wie ich."

Eine solche Entscheidung treffen Kinder, wenn sie in ihrer Familie Willkür und Ungerechtigkeit erleben, wenn sie sich alleine durchschlagen müssen oder wenn sie außerhalb der Familie Ausgrenzung und Gemeinheiten erleben.

Wenn sich Menschen mit dieser Prägung Gott zuwenden, dann identifizieren sie sich mit seiner Macht. Dass Gott die Schwachen schützt, das leuchtet ihnen ein. Sie willigen gerne ein, im Namen Gottes für Gerechtigkeit zu kämpfen. Dabei übersehen kämpferisch Glaubende, dass Gottes Macht durch das Kreuz Jesu gebrochen ist. Jeder Machtausübung Gottes geht seine Verwundbarkeit und Leidensbereitschaft voraus. Sie macht sich zunächst so klein, dass jeder sie mit Füßen treten oder verachten kann. Doch kämpferisch Glaubende brauchen eine Weile, bis sie zu dieser Einsicht finden. Vorher beschreiten sie oft Wege, auf die sie eine Sehnsucht nach Gerechtigkeit treibt.

Auf der Suche nach Gerechtigkeit

Als Kind hat sich Hartmut durch Schnee und Regen gekämpft, um seinen Dienst als Messdiener zu versehen. Er fror für Gott in kalten Kirchen und hielt der Beklemmung auf Beerdigungen stand, bis sie ihm nichts mehr ausmachte. Seither hat er viele Pfarrer kommen und gehen sehen. Der letzte Pfarrer brachte einen Frühling in die Gemeinde. Er ging nicht bis zum Äußersten, doch plötzlich hatten auch die Frauen eine Stimme in der Gemeinde. Er ermutigte sie, der Schriftlesung noch eigene Gedanken hinzuzufügen. Er pflegte einen herzlichen Umgang mit Geschiedenen und ließ das jeden sehen. Er behauptete, vergesslich zu sein, was die Konfession von Menschen angeht, besonders, wenn er sich für die Eucharistie sammeln müsse. Dieses verschwörerische Klima machte Hartmut Freude und er ließ sich in den Gemeinderat wählen, wo er bald den Vorsitz übernahm. Hartmut boxte gegenüber der Stadt wichtige Dinge durch, er befriedete Gemeindemitglieder, die unrealistische Wünsche hatten oder Unruhe stifteten. Seine Stärke und die verschmitzte Weisheit des Pfarrers verbanden sich zu einem schlagkräftigen Team. Die Kirchengemeinde gewann an Ausstrahlung, die Messe und die übrigen Veranstaltungen waren bestens besucht. Die Kirche konnte mitreden in Fragen, die die Kleinstadt betraf. Hartmut genoss es, „im Namen des Herrn" unterwegs zu sein. Er spürte das Wohlwollen Gottes über seinem Leben, erlebte die Messe als persönliche Stärkung und verspürte einen Frieden, auch wenn er etwas durchkämpfen musste. Dem Pfarrer folgte ein Kollege aus einem osteuropäischen Land. Dieser war herzlich, gastfreundlich und gebildet, hatte aber einen Führungsstil, der autoritär wirkte, vor allem vor dem Hintergrund dessen, was die Gemeinde zuvor erlebt hatte. Für Hartmut folgte eine aufreibende Zeit. Zahlreiche Gespräche mit dem Neuen verliefen frustrierend, die Begegnungen wurden immer gereizter. Der neue Pfarrer blieb dabei, dass er in manchen Punkten nicht von seiner Linie abweichen kann.

Hartmut wäre noch stärker in die Konfrontation gegangen, doch die übrigen Mitglieder des Gemeinderats wollten das nicht. Hartmut hatte das Gefühl, dass diese ihm in den Rücken fielen und ihn im Stich ließen. Hatten sie nicht auch von dem profitiert, was Hartmut durchgekämpft hat? Er konnte auch Gott nicht mehr verstehen: „Wie kannst du zulassen, dass jetzt alles kaputtgeht, was wir die letzten Jahre aufgebaut haben? Siehst du nicht, dass viele nicht mehr in die Messe kommen? Unsere Jugendarbeit ist schon um ein Drittel geschrumpft. Wie wird es in einem Jahr aussehen, wenn das so weitergeht? Deine Gemeinde liegt im Sterben und du siehst einfach zu?"

Hartmut gab sein Amt im Gemeinderat auf und zog sich aus der Gemeinde zurück. Zum ersten Mal seit seiner Kindheit führte er ein weltliches Leben. Ihm fehlte die Stärkung durch die Kirche, aber wenn er eine Messe besuchte, spürte er keine Andacht, sondern nur Wut im Bauch. Er hatte das Gefühl, dass seine Frau mit der Situation besser umgehen konnte als er.

„Gott geht seinen Weg mit uns, er lässt sich nicht hindern", behauptete seine Frau. „Ein Fluss, der an einer Stelle gestaut wird, sucht sich ein neues Flussbett. Wir haben einen tollen Frauengebetskreis gegründet, viele fahren zu Einkehrtagen ins Kloster – magst du dich nicht auch anschließen? Und viele Jugendliche gehen jetzt in einen Kreis der Nachbargemeinde, dahin sind es nur 800 Meter mehr. Wen stört das? Hör doch auf zu grollen und deine Wunden zu lecken. Willst du das Auf und Ab stoppen, das sich durch die ganze Kirchengeschichte zieht? Das Feuer des Glaubens kann keiner austreten."

Hartmut presste die Lippen zusammen. Doch er wusste, dass seine Frau recht hatte.

Der Stachel Zu-stark-Sein kann auch auf anderen Wegen zu einer Glaubenskrise führen.

Wenn Kampfbereitschaft abschreckt. Lydia ist streitbar und kann Diskussionen hart austragen. Den feinfühligen Frauen in ihrem Umfeld macht das Angst. Sie sind nicht unfreundlich zu Lydia, ziehen sich aber ein wenig zurück. In der Folge tritt Lydia lauter und herausfordernder auf, was bei den anderen die Unsicherheit noch verstärkt. Lydia empfindet es als Heuchelei, wenn die Frauen fromm tun und sie dann so ausgrenzen. Und was ist mit den Männern dieser Frauen, die zum Teil Leiter der Gemeinde sind: Fällt ihnen das Verhalten ihrer Frauen nicht auf oder ist es ihnen gleichgültig? Und was ist mit Gott? Hat er nicht die Macht, die aufzuwecken, die heucheln?

―――――――

Verlorene Loyalität. Werner ist ein streitbarer Sturkopf. Anne ist es peinlich, wenn Werner vehement wird, was in ihrer Gemeinde alles andere als üblich ist. Anne geht dann zu der erschreckten Person und findet beschwichtigende Worte. Damit hat sie schon manche Situation entschärft.
Doch ab und zu erwischt Werner sie dabei, wie sie mit der anderen Seite spricht. Er empfindet das als Vertrauensbruch: „Statt zu mir zu stehen, stellst du mich noch bloß." Obwohl Werner ein eiserner Beter ist, kann er nach solchen Situationen nicht beten. Er hat das Gefühl, am Ende ist auch noch Gott gegen ihn.

Glaubende mit dem Stachel Zu-stark-Sein werden in ihrer Gemeinde geschätzt. Denn das Klima in vielen Gemeinden ist oft übervorsichtig und aggressionsgehemmt. Klare, streitbare Menschen bilden einen wohltuenden Gegenpol, an dem auch andere zu mehr Offenheit und Konfliktbereitschaft finden.

Wo starke Menschen aber bedrohlich auftreten, da kommt es zu einer Gruppendynamik, in der sich andere distanzieren oder sich mit denen solidarisieren, die von der Auseinandersetzung überfordert sind. Das weckt bei kämpferisch Glaubenden das Gefühl, ungerecht behandelt zu werden oder Vertrauensbrüche zu erleben. Dabei fühlen sie sich auch von Gott nicht geschützt.

Wenn Zu-stark-Sein der Stachel Ihres Glaubens ist, dann können Sie von Jesus lernen, wie Sie kämpfen und wie Sie Frieden schließen. Der Kampf, in den Jesus Sie führt, folgt nicht dem Recht des Stärkeren. Sie erfahren, wie Sie Verwundbarkeit stark macht und wie Sie mit einem versöhnten Herzen kämpfen. Außerdem entdecken Sie, dass die wichtigsten Schlachten in Ihrem eigenen Herzen entschieden werden und dass Sie viele Kämpfe Gott überlassen können.

Gott lehrt dich kämpfen und Frieden schließen

Was macht eine Persönlichkeit stark? Überlegenheit, Unangreifbarkeit, Macht, ein dickes Fell, sagt unsere Erfahrung. Der Glaube baut Stärke aber ganz anders auf. Stark ist,

- wer jemanden hat, der auf ihn Acht gibt und ihn schützt;
- wer einen Ort hat, an dem Wunden heilen können;
- wer so sehr liebt, dass er Verletzungen und Leid ertragen kann;
- wer die eigene Sicherheit aufgeben kann, wo er sich im Einklang mit dem Willen Gottes weiß;
- wer erkennt, worum es sich zu kämpfen lohnt und wo man nachgeben oder sogar aufgeben darf.

Wo sich Glaubende aus Überzeugung verwundbar machen, vertrauen sie sich Gott an, ob er sie nun schützt oder ihnen ein Opfer der Liebe abverlangt. Gott schützt Glaubende auf übernatürliche Weise, wenn es bedrohlich wird. Manchmal lässt er auch Situationen zu, die Glaubenden Wunden schlagen oder ihnen einen Schaden zufügen. Dann heilt Gott, macht wieder gut und wiegt das Leid durch Glück auf.

Die Stärke des Glaubens stellt sich anderen manchmal in den Weg, zeigt Grenzen auf und setzt Gutes durch, auch wenn das nicht jedem gefällt. Sie will dabei aber Menschen gewinnen und nicht besiegen. Sie verzichtet auf Mittel, die mit der Liebe nicht im Einklang sind.

Eine Stärke dagegen, die sich verhärtet, führt von der Liebe weg. Die christliche Botschaft lädt kämpferisch Glaubende zu einer Umkehr ein.

Umkehren

Die Menschen, die die Geschichte Jesu aufgeschrieben haben, standen am Anfang ihrer Berichte vor einem erzähltechnischen Problem: Sie mussten in kurze Worte fassen, mit welcher Botschaft Jesus aufgetreten ist: das „Reich Gottes", das Jesus nahe herbeigekommen sieht – darauf zielt nach allen vier Evangelisten das Reden und Handeln Jesu ab (z. B. Mk 1,15; Mt 3,2; Lk 10,9; Joh 3,3). Wo Jesus auftritt, verwirklicht, verkörpert und demonstriert er dieses „Reich Gottes". Seine Lehre vermittelt, welche Maßstäbe und Gesetzmäßigkeiten dort gelten. Matthäus überliefert eine lange Rede Jesu, die als Bergpredigt bekannt geworden ist. In ihr nimmt Jesus zu vielen Fragen Stellung, deren Antworten eine Gemeinschaft begründen. Zugleich beantwortet Jesus auch die Frage, die das Thema dieses Kapitels aufwirft: die Frage nach Stärke und Verwundbarkeit.

„Ihr habt gehört, dass zu den Alten gesagt ist (2. Mose 20,13; 21,12): ‚Du sollst nicht töten'; wer aber tötet, der soll des Gerichts schuldig sein. Ich aber sage

> Der Kampf, in den Jesus Sie führt, folgt nicht dem Recht des Stärkeren.

euch: Wer mit seinem Bruder zürnt, der ist des Gerichts schuldig; wer aber zu seinem Bruder sagt: Du Nichtsnutz!, der ist des Hohen Rats schuldig; wer aber sagt: Du Narr!, der ist des höllischen Feuers schuldig" (Mt 5,21-23; L17).

Damit setzt Jesus seinen Anhängern eine heilige Grenze, an der auch ein berechtigter Zorn stehen bleiben soll. Eine Stärke, die den anderen klein macht und dessen Würde angreift, will Jesus nicht. Doch wie soll es aussehen, wenn seine Anhänger angegriffen werden?

„Ihr habt gehört, dass gesagt ist (2. Mose 21,24): ‚Auge um Auge, Zahn um Zahn.' Ich aber sage euch, dass ihr nicht widerstreben sollt dem Bösen, sondern: Wenn dich jemand auf deine rechte Backe schlägt, dem biete die andere auch dar. Und wenn jemand mit dir rechten will und dir deinen Rock nehmen, dem lass auch den Mantel. Und wenn dich jemand eine Meile nötigt, so geh mit ihm zwei. Gib dem, der dich bittet, und wende dich nicht ab von dem, der etwas von dir borgen will. Ihr habt gehört, dass gesagt ist: ‚Du sollst deinen Nächsten lieben' (3. Mose 19,18) und deinen Feind hassen. Ich aber sage euch: Liebt eure Feinde und bittet für die, die euch verfolgen, auf dass ihr Kinder seid eures Vaters im Himmel. Denn er lässt seine Sonne aufgehen über Böse und Gute und lässt regnen über Gerechte und Ungerechte. Denn wenn ihr liebt, die euch lieben, was werdet ihr für Lohn haben?" (Mt 5,38-46; L17).

Die radikalen Worte erfordern ein Unterscheidungsvermögen: Wer in der Bergpredigt eine Anleitung zur Kindererziehung, zur Mitarbeiterführung, zum Umgang mit Straftätern oder zur Landesverteidigung sieht, der wird an der Realität scheitern. Unsere Gesellschaft benötigt eine verantwortliche Machtausübung, die gute Ordnungen gegen zerstörerische Kräfte verteidigt.

Doch Jesus setzt unserer Aggression Grenzen, wo sie andere angreift oder beschämt. Er nimmt uns in die Pflicht, wo wir am anderen schuldig werden, und sei es ein Kollateralschaden, den wir anderen zufügen, während wir für eine gute Sache kämpfen. Es ist dann an uns, den Schaden einzugestehen, wiedergutzumachen und unseren Teil zur Versöhnung beizutragen. Jesus fordert uns heraus, selbst eine unfaire Machtausübung zu ertragen, wenn die Liebe dies gebietet. Wo Sie Ihre Instinkte bisher in eine andere Richtung geführt haben, rufen die Worte Jesu Sie auf einen neuen Weg. Dann finden Sie sich vielleicht in einem der folgenden Bußgebete wieder.

- „Herr, ich habe meine Aggression nicht im Griff. Ich greife andere an und schüchtere sie ein, wenn sich mir jemand in den Weg stellt. Nimm mir meine Waffen aus der Hand. Lehre mich, wie ich liebevoll streiten und versöhnt leben kann."

- „Jesus, wie oft bin ich in einen Kampf gegangen und habe mich nicht gefragt, ob dir das gefällt. Ich habe zwar Wahrheiten ausgesprochen und andere mit Missständen konfrontiert. Aber ich habe es nicht auf deine Art und Weise getan. Ich habe aus dem Blick verloren, dass du sanftmütig und von Herzen demütig bist. Verzeih mir."

- „Wenn ich ehrlich bin, Herr, dann glaube ich nicht, dass du mich schützt. Das Leben ist oft so unfair und Menschen können sehr gemein sein. Aber wenn ich mich nie verwundbar mache, nehme ich dir da nicht die Möglichkeit, mich zu schützen? Vergib mir mein fehlendes Vertrauen. Hilf mir, mich nicht hart zu machen, deiner Hilfe zu vertrauen und dich als starken Gott zu erfahren."

- „Gott, warum ist es mir viel wichtiger, den Kampf zu gewinnen als den Menschen, der etwas anders sieht als ich? Du steckst in dieser Welt Niederlagen ein, um deiner Liebe treu zu bleiben. Warum tue ich das nicht? Bring mir bei, auch mal ein guter Verlierer zu sein und darauf zu vertrauen, dass du am Ende in allem gewinnst."

- „Mein Gott, ich habe den Respekt der anderen gewonnen, aber ihr Vertrauen verloren. Ich war zu scharf, zu heftig und habe anderen Angst gemacht. Aber ich kann andere nicht führen, wenn sie mir nicht vertrauen. So werde ich der Verantwortung nicht gerecht, die du mir anvertraut hast. Mach mich vertrauenswürdig. Gib mir etwas von der sanften Autorität, die Jesus hatte."

Mit Bußgebeten wie diesen beginnt ein Sinneswandel, der für neue Erfahrungen mit Gott öffnet. Der folgende Abschnitt nimmt Sie in Erfahrungen hinein, in denen Glaubende einen Durchbruch erzielt haben.

Einen Zugang finden

Verliehene Autorität. Bernhard hat schnell das Gefühl, dass andere gegen ihn sind. Aus diesem Gefühl reagiert er dann scharf. Umso überraschter ist Bernhard, als er irgendwann feststellt: „Meist schließen sich andere dem an, was ich sage: Sie lassen sich von mir führen und stellen sich hinter mich."
Bernhard strahlt eine natürliche Autorität aus, die andere gewinnt. Als ihm diese Gabe bewusst wird, ändern sich sein Leben und auch sein Glaube. Bernhard liest im Lukasevangelium, wie der junge Jesus an Weisheit und Alter zunahm, und auch an „Gnade vor Gott und den Menschen" (Lk 2,52).
„Das trifft es", denkt Bernhard. „Ein wenig davon hat Gott mir auch gegeben: Menschen schenken mir ihr Vertrauen und ihre Unterstützung. Und Gott schenkt mir oft gute Ergebnisse, obwohl ich be-

stimmt nicht weniger Fehler mache als andere." Dieses Bewusstsein begleitet Bernhard in seinen Alltag. Er stellt fest, wie auch er anderen mehr vertraut.

=====

Befähigt zum ersten Schritt. Es war Gott, der Nele niedergerungen hat. „Auf keinen Fall!", hatte sie protestiert, als sie im Gebet ein Drängen spürte, sich bei ihrer Kollegin zu entschuldigen. „Erstens hat sie sich zuerst falsch verhalten. Und zweitens war das, was sie sich geleistet hat, zehnmal unfairer als meine Reaktion darauf. Soll ich sie denn in ihrem Fehlverhalten bestätigen?"

„Geh auf sie zu!", das innere Drängen hielt an. Nele gab nach, suchte das Gespräch mit ihrer Kollegin und entschuldigte sich für ihre Reaktion. Diese konnte ihre Tränen nicht zurückhalten, entschuldigte sich übertrieben und nahm Nele am Ende in den Arm. Ein warmes Gefühl durchströmte Nele, als sie daran dachte, wie Gott sie zur Versöhnung gedrängt hat.

„Das ist noch besser als Stärke", betete Nele, als sie sich später bei Gott bedankte. Dieser Tag änderte Neles Prioritäten: „Erst Versöhnung, und nur wenn es gar nicht anders geht, setze ich mich mal durch."

=====

In den Weg des Kreuzes einwilligen. Um für einen Jugendgottesdienst zu werben, hat Tobias mit jedem im Gemeinderat persönlich gerungen. Aber die meisten haben sich hinter ängstlichen Argumenten verschanzt: die jungen Leute seien noch nicht reif genug, bei manchen stehe sogar die Rechtgläubigkeit in Frage, es dürfe keine Gemeinde in der Gemeinde entstehen.

Tobias glaubt nicht, dass diese Verbohrtheit Gottes Willen für die Gemeinde entspricht. Aber er kann die Niederlage nicht abwenden. Nach der Abstimmung fällt sein Blick auf das Kreuz an einer Wand des kahlen Besprechungszimmers. „Es war nicht nur Schmerz, den Jesus da ertragen hat", denkt Tobias. „Es war auch schreiende Ungerechtigkeit: Ein Schlag gegen das, was Jesus brachte, nur weil es denen fremd und unheimlich war, die das Sagen hatten." Tobias spürt eine tiefe Ruhe in sich. Er ist mit seinen Mitteln am Ende, aber der allmächtige Gott ist es nicht. „Verkämpft euch nicht", rät Tobias den jungen Leuten. „Wartet, betet, Gott wird für euch kämpfen."

Die Glaubenserfahrungen von Bernhard, Nele und Tobias haben eins gemeinsam: Der Mut, sich verwundbar zu machen, hat sie in einen spürbaren Einklang mit Gott gebracht. Denn seine Liebe entwaffnet, um Menschen zu gewinnen und Versöhnung möglich zu machen. Zugleich öffnen sich Glaubende der Macht Gottes, die sie entweder schützt oder stark macht, auch einmal Wunden hinzunehmen. Um diesem Weg zu folgen, benötigen Sie Tag für Tag Orientierungspunkte. Diese gibt Ihnen der folgende Abschnitt.

Sich beheimaten

Jesus zieht mit seinen Nachfolgern durchs Land. Er kündigt das Kommen Gottes an, er lehrt und heilt Kranke. Als immer mehr Schüler mit ihm ziehen, überträgt er diesen Verantwortung. Er schickt sie jeweils zu zweit in die Orte, in die er dann selbst kommen will. Jesus weiß, was auf die Schüler zukommt – sie werden auf Vertrauen und Freude treffen, aber auch auf Widerstand, Verachtung und Anfeindung.

Der Evangelist Lukas überliefert uns, was Jesus seinen Schülern mit auf den Weg gibt: „Geht nun. Siehe, ich sende euch wie Schafe mitten unter Wölfe" (Lk 10,3-12; L17). Seine Schüler können ihre Sicherheit nur an einem einzigen Punkt festmachen: Sie erfüllen einen Auftrag von Jesus, sie sind im Einklang mit dem Willen Gottes. Damit ist alles gut, ganz gleich, was geschieht. Jesus gibt seinen Schülern die Macht, Kranke zu heilen und Glauben zu wecken. Aber er rüstet sie nicht zum Kampf aus, wenn ihnen Feindschaft begegnet. Wer sicher ist, dass er nicht kämpfen muss, findet Frieden.

Der Jesus-Botschafter Paulus hat diese Praxis Jesu theologisch begründet: „Denn wir haben nicht mit Fleisch und Blut zu kämpfen, sondern mit Mächtigen und Gewaltigen, mit den Herren dieser Welt, die über diese Finsternis herrschen, mit den bösen Geistern unter dem

Himmel" (Eph 6,12; L17). Es sind nicht die Menschen, gegen die der Kampf zu führen ist, sondern die Kräfte des Bösen, die vom Menschen Besitz ergriffen haben. Gegen diese kommen menschliche Kämpfe nicht an. Hier helfen nur die Waffen des Glaubens, wie Paulus im Weiteren ausführt: Gottvertrauen, ein Sich-Bergen in der Wirklichkeit Gottes, ein mutiges Aussprechen der kraftvollen Wahrheiten, die Jesus seinen Anhängern vermittelt hat.

Jesus selbst demonstriert das in einem Moment äußerster Ohnmacht, als sich seine Hinrichtung am Kreuz abzeichnet:

„Traurigkeit und Angst wollten ihn überwältigen, und er sagte zu ihnen: ‚Meine Seele ist zu Tode betrübt. Bleibt hier und wacht mit mir!' Er selbst ging noch ein paar Schritte weiter, warf sich zu Boden, mit dem Gesicht zur Erde, und betete: ‚Mein Vater, wenn es möglich ist, lass diesen bitteren Kelch an mir vorübergehen! Aber nicht wie ich will, sondern wie du willst.' Als er zu den Jüngern zurückkam, schliefen sie. Da sagte er zu Petrus: ‚Ihr konntet also nicht einmal eine einzige Stunde mit mir wach bleiben? Wacht und betet, damit ihr nicht in Versuchung geratet! Der Geist ist willig, aber die menschliche Natur ist schwach.'

> Unser Auge mag sehen, dass die Falschen am Drücker sitzen, das Auge des Glaubens sieht die Macht des Gebetes.

Jesus ging ein zweites Mal weg und betete: ‚Mein Vater, wenn es nicht anders sein kann und ich diesen Kelch trinken muss, dann soll dein Wille geschehen.' Als er zurückkam, waren sie wieder eingeschlafen; sie konnten die Augen vor Müdigkeit nicht offen halten. Er ließ sie schlafen, ging wieder weg und betete ein drittes Mal dasselbe Gebet. Dann kehrte er zu den Jüngern zurück und sagte: Wollt ihr noch länger schlafen und euch ausruhen? Seht, die Stunde ist da, in der der Menschensohn in die Hände der Sünder gegeben wird'" (Mt 26,37-45; NGÜ).

Jesus willigt in eine Niederlage ein, die ihn quälen und demütigen wird. Er hält sich daran fest, dass dies der Wunsch seines Vaters ist. Als Jesus dann verhaftet wird, greift sein Schüler Petrus zum Schwert. Er will Jesus mit Gewalt verteidigen. Jesus stoppt ihn und stellt klar, dass er freiwillig auf den Kampf verzichtet: „Oder glaubst du nicht, dass ich meinen Vater um Hilfe bitten könnte und dass er mir sofort mehr als zwölf Legionen Engel zur Seite stellen würde? Wie würden sich dann aber die Voraussagen der Schrift erfüllen, nach denen es so geschehen muss?" (Mt 26,53-54; NGÜ).

Gott wird Jesus vom Tod ins Leben zurückholen. So siegt er über die Kräfte des Bösen, ohne Gewalt, jedoch mit einer Liebe, der keine Grenzen gesetzt sind. Vielleicht wollen Sie sich in diesem Vertrauen beheimaten, das mit versöhntem Herzen kämpfen und Frieden schließen kann. Dann können Sie die Wege gehen, die die christliche Tradition gebahnt hat.

Aufmerksam sein – mit den Augen des Glaubens sehen. Ob wir die Welt so wahrnehmen, wie sie uns als Menschen vor Augen tritt, oder ob wir in ihr Gottes Wirken wahrnehmen, macht für unser Leben einen Unterschied: Die Augen des Glaubens sehen, dass sich Gott die Führung nicht aus der Hand nehmen lässt – weder die der Weltgeschichte und noch die des Lebens von Menschen. Darauf lenken Glaubende ihre Aufmerksamkeit immer neu. So nehmen sie wahr, was ihnen leicht entgangen wäre:

- Das Gute mag mit Füßen getreten werden, doch der Glaube sieht bereits die Orte, wo er sich ins Verborgene zurückziehen und da bewirken kann, was Gott beabsichtigt.
- Ignoranz und Selbstsucht mögen Missstände schaffen und uns zornig machen, der Glaube nimmt am Grund unseres Herzens schon den Frieden wahr, der unser Herz zu einer Kathedrale macht, in der Gott gegenwärtig ist.
- Unser Auge mag sehen, dass die Falschen am Drücker sitzen, das Auge des Glaubens sieht die Macht des Gebetes, die unser Leben für die Allmacht Gottes öffnet.

Wenn wir unsere Aufmerksamkeit schulen, sehen wir immer deutlicher, wie Gott in unserem Alltag wirksam ist. Das gelingt umso besser, je mehr wir von der Wirklichkeit Gottes wissen. Dabei hilft der zweite Zugang.

Betrachten (Kontemplation). Dabei betrachten Glaubende einen Bibeltext so lange, bis sich die Wirklichkeit zeigt, auf die das Wort verweist. Sie ziehen sich zurück und schirmen sich von Ablenkungen ab. Sie konzentrieren sich betend auf ein Bibelwort, versuchen aber nicht, das Wort mit dem Verstand zu erfassen. Stattdessen setzen sie sich dem Wort vertrauensvoll aus, um sich von diesem erfassen zu lassen.

Manchmal hilft dabei unsere Fähigkeit, uns Dinge bildlich vorzustellen und uns in diese Vorstellung zu vertiefen. So könnten Sie sich vor Augen führen, wie Sie im Garten Gethsemane knien und sagen: „Nicht wie ich will, sondern wie du willst." Bei solchen Bildern verweilen Glaubende dann betend. Sie lassen zu, dass sich die Bilder vor ihrem inneren Auge ein wenig verändern. Vielleicht ist es kein Kelch, den Sie trinken, sondern eine Wunde, die Ihnen geschlagen wird. Dabei offenbart der Geist Gottes tiefere Wahrheiten. Er hilft auch, dass Wahrheiten vom Kopf ins Herz finden.

Manchmal schweift die Fantasie allerdings ab. Sie zieht uns in bizarre Bilder hinein, wie es auch in unseren Träumen geschieht. Glaubende, die sich in der Kontemplation üben, folgen solchen Bildern nicht. Sie ergründen auch nicht deren unbewusste, symbolische Bedeutung, sondern lenken ihre Aufmerksamkeit einfach wieder zu dem Bild zurück, wie es das Bibelwort nahelegt.

Kontemplation ist gleichermaßen aktiv und passiv. Aktiv ist sie, wo sie sich von anderen Reizen abgeschirmt und sich auf ein Bibelwort konzentriert. Passiv ist sie im Hinblick darauf, was in der Begegnung mit dem Wort geschieht und auf welche Weise sie in die Wirklichkeit hineingezogen wird, die das Wort ausdrücken will.

Was Glaubende erkannt haben, müssen sie in ihrem Alltag manchmal behaupten. Denn dieser konfrontiert sie mit anderen Wirklichkeiten. Dabei hilft der dritte Zugang.

Bekennen (Proklamation). Ein Bekenntnis ruft die Wirklichkeit Gottes aus, auch wenn meine menschliche Wirklichkeit das Gegenteil dessen ist, was die Einladung von Jesus verspricht. Wo ich zum Beispiel unter einer Ungerechtigkeit leide, da spreche ich aus: „Er hätte keine Macht über mich, wenn sie ihm nicht von Gott gegeben wäre." Wo ich zu den Waffen greifen möchte, sage ich stattdessen: „Jesus schickt mich als Schaf unter Wölfe. Er ist aber mein Hirte und schützt mich."

In einem Bekenntnis drückt sich der Glaube aus, dass die unsichtbare Wirklichkeit des Glaubens stärker ist als die Realität unserer Lebensumstände. Viele Glaubende erleben genau das, wenn sie sich zu einer Wirklichkeit bekennen, für die sich Jesus verbürgt hat. Plötzlich verspüren sie eine unerklärliche Gelassenheit, obwohl noch Hindernisse im Weg stehen. Unerwartet entdecken sie, wie Gott Macht über ihr Inneres gewinnt und sie dadurch auch eine Ohnmacht im äußeren Leben tragen können.

Aufmerksam-Sein, Betrachten und Bekennen öffnet unseren Alltag für die Wirklichkeit Gottes. Ein vierter Zugang fehlt noch: das Aufbrechen – ein Handeln im Glauben, das im Vertrauen auf Gott etwas wagt und dadurch in seine Wirklichkeit hineintritt.

> Jesus schickt mich als Schaf unter Wölfe. Er ist aber mein Hirte und schützt mich.

(Die Anfangsbuchstaben der vier Zugänge – Aufmerksam-Sein, Betrachten, Bekennen und Aufbrechen – verbinden sich zu ABBA, einem aramäischen Kosewort für ‚Vater‘, das Jesus für Gott verwendet hat. Diese Merkhilfe können Sie einsetzen, wenn Sie sich die vier Zugänge in Erinnerung rufen wollen.)

Das Aufbrechen beschreibe ich weiter unten noch ausführlicher. Zunächst finden Sie hier Worte, die zu einer Stärke des Glaubens führen. Vielleicht entdecken Sie beim Bibellesen noch ganz andere, die Ihnen erschließen, wie Gottes Macht Ihr Herz und Ihr Leben berührt.

- Psalm 91 – eines der vielen Gebete aus dem Alten Testament, in denen sich ein Beter bösen Kräften ausgesetzt sieht, sich der Macht Gottes anvertraut und so zu innerer Stärke findet;
- Joh 18,1-9 – der wehrlose Jesus kann mit Gottes Hilfe seine Schüler schützen;
- Joh 10,1-18, insbesondere Verse 11-15 – Jesus schützt die Seinen;
- Mt 20,25-27 – ein *Machtwort* der anderen Art;
- Joh 13,13-14 – wer bestimmen will, soll sich beugen;
- Lk 9,51-55 – die Schüler ersehnen ein göttliches Machtwort, Jesus lehnt es ab.

Aufbrechen

Im vierten Zugang, dem Aufbrechen, treten Sie durch praktische Schritte in die Wahrheiten dieses Kapitels ein.

Machen Sie sich klein. Geben Sie ein kleines Fehlverhalten zu, auch wenn der andere sein großes noch nicht einsieht. Entschuldigen Sie sich aufrichtig und bauen Sie so eine Brücke – zum guten Miteinander oder vielleicht sogar zu einer Bereitschaft des anderen, sich selbst zu korrigieren. Machtverzicht schafft einen heiligen Raum, in dem Gott wirken kann. Oft geschieht etwas Versöhnliches, ansonsten tritt früher oder später Gerechtigkeit ein – denn Fehlverhalten, das einer nicht korrigieren will, fällt irgendwann auf die Person selbst zurück.

> Machtverzicht schafft einen heiligen Raum, in dem Gott wirken kann.

Ziehen Sie sich zurück, wo das Böse herrscht. Das Feuer des Glaubens erlischt nicht, es brennt im Verborgenen weiter. Finden Sie Ihre Nische und lassen Sie diese ein Stück Himmel auf Erden sein.

Überlassen Sie Gott das letzte Wort. Wo Sie eine Niederlage hinnehmen müssen: verzichten Sie auf Machtdemonstrationen, auf Rechtfertigung oder Entschädigung. Identifizieren Sie sich mit Jesus, Paulus, Petrus oder Johannes, die alle beschämende und schmerzliche Niederlagen hingenommen haben. Gott hat ihre Ehre wiederhergestellt. Konzentrieren Sie sich auf Menschen und Aufgaben, die Ihren Einsatz wert sind.

Entdecken Sie den eigentlichen Kampf. Ringen Sie vor Gott um ein versöhntes Herz, das liebt und vergibt. Reinigen Sie Ihre Absichten, vor allem von Machtstreben, Selbstgerechtigkeit und Vergeltungswünschen. Wo Ihnen das gelingt, haben Sie den wahren Kampf gewonnen. Dann ist Gott mit Ihnen und wird für Sie streiten. Sein Segen wird Ihnen folgen.

Schützen Sie andere mit Maß. Auch der Kampf für andere darf nicht zu weit gehen. Setzen Sie Ihre natürliche Autorität ein und wählen Sie Mittel der Auseinandersetzung, die mit der Liebe vereinbar sind. Jesus konnte seine Anhänger nicht immer vor Anfeindungen schützen, er hat sich aber vor sie gestellt und die Angriffe abgefangen. Sie müssen daher nicht siegen, um einen Menschen zu schützen, der Ihrem Schutz befohlen ist. Manchmal bleibt nichts, als sich vor eine andere Person zu stellen und einen Teil der Bosheit abzufangen.

Dass Stärke schützt, leuchtet ein. Aber auch Schwäche kann schützen. Sie setzt auf einen Reflex, den man Welpenschutz nennt: Wer klein und harmlos wirkt, den greift man nicht an. Um diesen Stachel dreht sich das nächste Kapitel.

Wenn sich Glaubende überfordern

- Sind Sie manchmal so erschöpft, dass Sie Ihre Beziehung zu Gott kaum noch pflegen können?
- Können Sie sich nicht gut vor unangenehmen Menschen schützen, selbst in Ihrer Gemeinde nicht?
- Fühlen Sie sich schlecht, wenn Sie im Glauben nicht schaffen, was andere erreichen?
- Wenn Sie vor schwierigen Gewissensfragen stehen, wünschen Sie sich dann manchmal, jemand möge Ihnen die Verantwortung abnehmen?

Wenn Sie solche Situationen kennen, dann heißt der Stachel Ihres Glaubens Selbstüberforderung.

Der christliche Glaube schützt vor Überforderung. Allerdings tut er dies auf eine Weise, die der Gesellschaft verdächtig ist. Denn um Glaubende zu schützen, muss Gott den Einfluss anderer Menschen entmachten. Er muss sie von vereinnahmenden gesellschaftlichen Erwartungen befreien. Denn die sind es, die Glaubende in die Überforderung treiben.

In dieser Hinsicht könnte man den Glauben so in Worte fassen: „Gott weist dir einen Platz im Leben zu, der zu deiner Persönlichkeit und deinen Möglichkeiten

> Der christliche Glaube schützt vor Überforderung. Sie müssen nur den Platz ausfüllen, den Gott Ihnen zuweist.

passt. Setze dich hier leidenschaftlich ein und lebe deine Liebe zu Gott und zu anderen Menschen. Mehr ist nicht nötig. Was du mit deinen Kräften und Möglichkeiten nicht schaffst, darum kümmert sich Gott." Spüren Sie bereits, wie befreiend das wäre: Nur den Platz ausfüllen zu müssen, den Gott Ihnen zuweist?

Doch das beinhaltet eine Entscheidungsfreiheit, die der Prägung mancher Gemeinden fremd ist. Folgende Wahrheit könnte Ihnen daher wie eine Irrlehre vorkommen.

Gott verleiht Glaubenden Autorität, heute würden wir sagen: Mündigkeit. Er schenkt uns in den Zweifelsfällen des Glaubens die Freiheit, eigenverantwortlich zu entscheiden. Und Gott spricht uns zu: „Keine Sorge, ich stelle mich hinter deine Entscheidungen." Diesen Schutz benötigen wir unbedingt. Denn der Glaube macht zwar in entscheidenden Gewissensfragen sicher: Du sollst nicht stehlen. Du sollst nicht töten. Du sollst dich nicht auf eine Weise bereichern, die den anderen betrügt oder in Not bringt. Du sollst nicht den Ehepartner eines anderen begehren. In vielen alltäglichen Situationen ist die Gewissensbeurteilung jedoch alles andere als eindeutig:

- Dürfen wir uns Annehmlichkeiten leisten oder nehmen wir den Armen dadurch etwas weg?
- Wenn ich vor 20 Jahren gestohlen habe: Muss ich versuchen, das wiedergutzumachen, auch wenn dies mit einem hohen Aufwand verbunden wäre? Oder darf ich fröhlich Gottes Vergebung empfangen?
- Wann darf ich einen Menschen ausgrenzen, der sich nicht korrigieren lässt und mit seinem Verhalten die Gemeinschaft oder die Zusammenarbeit stört?

Glaubende, die sich selbst überfordern, quälen sich oft mit solchen Gewissensfragen. Doch wer unsicher ist und nicht zu einer Mündigkeit findet, der gibt Besserwissern Macht über sich. Denn die behaupten, sie wüssten die biblische Antwort auf alle Zweifelsfragen. (Haben Sie einmal einen Besserwisser näher kennengelernt und einen Einblick in sein Leben erhalten? Ist das wirklich ein Mensch, der Ihnen im Namen Gottes Gewissensfragen beantworten sollte?)

Der Glaube ermächtigt Sie zu verantwortlichen Gewissensentscheidungen. Wie ein Chef, der sich auf seine Mitarbeiter verlassen kann, spricht uns Jesus zu: „Entscheide, ich stelle mich dahinter und halte zur Not meinen Kopf dafür hin."

Auf diesem Hintergrund zeichnet sich genauer ab, worum es beim Stachel Selbstüberforderung geht: Glaubende fordern manchmal mehr von sich, als Gott von ihnen verlangt. Sie schützen sich nicht vor Menschen, die zu viel fordern oder das Gewissen anderer manipulieren.

Es gibt Phasen im Leben, in denen sich die Anforderungen häufen. Das könnte ein Berufseinstieg sein oder die Familienphase mit kleineren Kindern. Auch in einer Kirchengemeinde können Situationen entstehen, in denen ein starker Einsatz erwartet wird, etwa die Neugründung einer Gemeinde oder eine Vakanzzeit, in der ein Pfarrer oder Pastor fehlt. In solchen Situationen wachsen die Erwartungen, die Sie an sich selbst stellen oder die andere an Sie stellen. Dann verstärkt sich auch die Spannung zwischen dem, was Sie schaffen sollen, und dem, was Sie schaffen können, sodass sich der Stachel Selbstüberforderung häufiger aufstellt.

Schließlich kann auch der Umgang mit unreifen Menschen den Stachel der Selbstüberforderung aktivieren. Vor allem überkritische und dominante Persönlichkeiten überfahren andere mit ihren Erwartungen. Wenn übertriebene Erwartungen bei Ihnen auf ein „Stimmt, ich sollte ja wirklich ..." trifft, muss ein fordernder Mensch nicht einmal Macht ausüben, um Sie in die Überforderung zu treiben.

> Glaubende fordern manchmal mehr von sich, als Gott von ihnen verlangt.

Verhängnisvoll ist hier, wenn sich menschliche Forderungen mit dem Glauben vermischen. Wo Gott uns seine übernatürlichen Möglichkeiten schenkt, können wir tatsächlich unsere leib-seelischen Grenzen überschreiten, ohne uns dabei zu überfordern. Gute geistliche Leiter fordern uns im Namen Gottes dazu heraus. Schlechte tun das auch, allerdings ohne von Gott dazu ermächtigt zu sein. Sie fordern im Namen ihrer eigenen Vorstellungen. Wer ihnen folgt, kommt nicht nur ans Ende seiner Kräfte, sondern empfindet bald auch den eigenen Glauben als unzureichend.

Die folgenden Beispiele führen Sie in die Welt der Selbstüberforderung.

Wenn Überforderung von Gott ablenkt

Den Raum für Gott nicht schützen. Eigentlich, sagt sich Tanja, müsste ich fröhlich und ausgeglichen sein. Kann es einem denn besser gehen? Ich bin glücklich verheiratet und habe zwei süße Kinder. Ich mag meinen Job und die meisten meiner Kollegen. Ich habe Werte mit ins Leben bekommen, die mich tragen. Und noch dazu gehöre ich zu einer der lebendigsten Kirchengemeinden hier in der Region. Trotzdem habe ich oft das Gefühl, andere haben mehr Freude und inneren Frieden in sich. Sie scheinen sogar einen besseren Draht zu Gott zu haben als ich.

„Vielleicht geht es mir zu gut", sagt Tanja nachdenklich zu ihrem Mann. „Kann man Gott vielleicht nur nahe sein, wenn man durch Leid geht? Vielleicht denkt Gott, dass ich ihn nicht so nötig brauche wie andere."

„Also, ich sehe das ein bisschen anders." Tanjas Mann bemüht sich, seine Ungeduld nicht zu zeigen. „Mir kommt es so vor, dass Gott dir hilft, einen wunderschönen Garten anzulegen. Aber weil du häufig vergisst, die Tür am Zaun zu schließen, kommt dann irgendein Wildschwein und zertrampelt dir alles."

„Meinst du damit Helge?", fragt Tanja erschreckt.

„Zum Beispiel", setzt Tanjas Mann fort. „Der ist oft ein ziemliches Ekel und zermürbt dich mit seiner Selbstbezogenheit und seiner Anspruchshaltung. Aber ich meine nicht nur ihn. Wenn Daniela dich zwei Stunden vollgequatscht hat, stehst du den Rest des Tages neben dir. Und dass du Gesine immer noch bei uns putzen lässt, raubt dir dann noch den letzten Nerv. Wenn ich das alles mit mir machen lassen würde, dann wäre ich viel zu durcheinander, um mich Gott nahe zu fühlen."

═══════

Sich selbst überfordern. Als Christel abends ihre Bibel aufschlägt, fallen ihr die Augen zu. Zugleich spürt sie einen Druck. Denn was Gott ihr beim Bibellesen auf die To-do-Liste setzt, ist ihr eigentlich zu viel: Gastfreundschaft üben, zu jedem freundlich sein und sich um Frieden mit jedem bemühen. Das Leben ist auch so schon anstrengend genug.

„Stress' dich doch nicht so", rät Christels Freundin. „Ruhst du dich denn überhaupt einmal aus zwischendurch?"

„Das nehme ich mir auch immer wieder vor, aber dann ist wieder so viel zu tun", gesteht Christel. „Du leistest doch deutlich mehr in deinem Alltag als ich."

Christels Freundin zögert. Es stimmt, sie ist wohl wirklich etwas leistungsfähiger als Christel und findet dabei trotzdem Zeit, sich auszuruhen. Vielleicht benötigt sie weniger Schlaf als Christel oder sie organisiert sich etwas besser. Aber der größte Unterschied zwischen ihnen beiden ist wohl, dass Christel viel emotionaler ist. Wenn sie etwas Schwieriges erlebt, macht sie sich tagelang Gedanken.

„Vielleicht bin ich zu hart", erklärt sich Christels Freundin. „Aber ich hätte nicht so viel Kraft, wenn ich alles so nah an mich heranlassen würde wie du. Vielleicht bist du glücklicher, wenn du öfter mal Nein sagst und dir dafür auch mal Ruhe gönnst." Die Freundin weiß aber auch, dass Christel diesen Rat nicht umsetzen wird. Da müsste schon ein Wunder geschehen. Vielleicht gibt es einfach Menschen, die so pflichtbewusst und aufopferungsvoll sind, dass sie ein Leben lang über ihre Grenzen gehen. Und dass Christel so treu und selbstlos ist, schätzt ihre Freundin ja auch.

Sich von Elternfiguren abhängig machen. „Er ist doch nicht Gott", hat jemand aus dem Bibelkreis gesagt, als Philipp von seinem Chef erzählt hat. Es klang beinahe wütend. Philipp hat lange über diesen Satz nachgedacht. Er hat gespürt, dass der Satz eine Wahrheit enthält. Der Chef hat wirklich viel Macht über Philipps Gefühle, manchmal ist er einen Abend lang in seinen Gedanken präsent: Philipp kniet sich auf sein Meditationsbänkchen und versucht seine Gedanken auf Gott zu richten. Dann fallen ihm Szenen ein, in denen Philipps Chef grußlos an ihm vorbeigegangen ist oder abschätzig auf seine Idee reagiert hat. Oder ihm steht eine Situation vor Augen, in der ihn der Chef ausnahmsweise gelobt und ihm seine schwere Hand anerkennend auf die Schultern gelegt hat. Daher drehen sich die ersten Worte, die Philipp an Gott richtet, oft um seinen Chef. Manchmal fragt sich Philipp, ob er Gott damit auf die Nerven geht. Denn bei anderen Themen hat er durchaus den Eindruck, dass sich etwas ändert, wenn Philipp Gott um Hilfe bittet. Aber was das Thema „Chef" angeht, scheinen Philipps Gebete ins Leere zu laufen.

„Er ist doch nicht Gott", in Philipps Gedanken klingt der Kommentar aus dem Bibelkreis nach. Eigentlich könnte es ihm doch egal sein, wie sein Chef morgen drauf ist und ob er ihn nett behandelt oder nicht. Sollte es ihm nicht reichen, wenn Gott mit ihm zufrieden ist? Aber wie soll Philipp seine Gefühle ändern?

Wenn Sie Tanja, Christel und Philipp persönlich kennenlernen würden, würden Sie eines beobachten: Alle drei sind begabt und verantwortungsvoll. Trotzdem wirken sie manchmal wie überforderte Kinder, denen die Welt zu schwer und zu kompliziert ist. Sie würden vermutlich einen Drang verspüren, die drei zu beraten, zu entlasten, zu beruhigen, zu unterstützen oder zu ermutigen. Damit sind wir dem Stachel der Selbstaufopferung auf der Spur. Menschen mit dieser Prägung richten ihren Stachel zunächst gegen sich selbst. Denn jede Selbstüberforderung ist auch eine Autoaggression, also eine Aggression sich selbst gegenüber: „Stell dich nicht so an!" – „Das muss doch gehen!" – „Das kann doch jeder!" – „ Das wird einfach von dir verlangt!" – „Beiß die Zähne zusammen!" – „Sei nicht so zimperlich!"

Auf andere wirken selbstüberfordernde Menschen eher schutzlos. Aber kann das funktionieren: ein Schutzmechanismus, der auf Wehrlosigkeit setzt? Der Stachel der Selbstüberforderung setzt auf den Welpenschutz, einen Reflex, der bei den meisten Menschen ausgelöst werden kann. Die Psychologie dahinter ist die: „Wenn ich mich klein mache, können mir andere nicht böse sein. Sie sehen doch, wie ich mich anstrenge, ein gutes Mädchen/ein guter Junge zu sein." Der Stachel der Selbstüberforderung bringt andere in die Rolle der großzügigen und verständnisvollen Eltern. Meist funktioniert das.

Menschen, die sich mit dem Stachel der Selbstüberforderung schützen, hatten als Kind oft ein kleines Handikap. Sie waren zum Beispiel sensibler als der Rest der Familie. Oder sie kamen zu einem Zeitpunkt auf die Welt, als die Eltern belastet waren, zum Beispiel während eines Hausbaus oder nach einem behinderten Geschwisterkind. Auch das ist ein Nachteil, denn Kinder, die sich mit einer Familienbelastung arrangieren müssen, sind oft emotional etwas irritierbarer, in ihrer Persönlichkeit unsicherer und auch sensibler in ihrem Gewissen. Ein kleines Handikap kann auch in einer motorischen Entwicklungsverzögerung oder in einer Lese-Rechtschreib-Schwäche bestehen. Das alles wäre nicht so schlimm, würden die Eltern das Handikap wahrnehmen, ihrem Kind Zeit lassen und etwas weniger fordern. Doch viele Eltern erwarten, dass ihr Kind „normal" funktioniert, und ermuntern ihr Kind zur Selbstüberforderung.

In diesen Situationen verinnerlicht ein Kind: „Ich muss funktionieren. Ich will so sein wie die anderen. Dafür muss ich mich anstrengen und ich darf nicht wehleidig sein. Auch wenn es mir dabei nicht gut geht, ist das in Ordnung: Meine Eltern sind mit mir zufrieden und sie helfen mir ja auch."

Solche Kindheitserfahrungen machen es schwerer, in eine gesunde Unabhängigkeit zu finden. Ein Kind braucht die Eltern immer wieder, denn es soll besser funktionieren, als es seinen Möglichkeiten entspricht. Ein Kind lernt dann außerdem, Signale der Hilfsbedürftigkeit auszusenden.

> Der Stachel der Selbstüberforderung bringt andere in die Rolle der großzügigen und verständnisvollen Eltern.

Die Eltern lindern dann die Überforderung. Sie helfen und machen dadurch möglich, was dem Kind eigentlich nicht möglich ist.

Wenn sich die Prägung der Selbstüberforderung auf Gott überträgt, fühlt sich die Beziehung zu Gott etwa so an: „Gott möchte, dass ich funktioniere. Ich gebe alles. Das ist die beste Art und Weise, Gott meine Liebe auszudrücken und ihn zu ehren. Wenn ich nicht mehr kann, dann komme ich zu ihm."

Wenn sich Glaubende mit Blick auf Gott überfordern, ist das meist der Anfang einer Enttäuschung. Denn Gott spielt nicht so mit, wie es sich in der Herkunftsfamilie eingespielt hat. Gott kommt seinem erschöpften und verwundeten Kind oft nicht zu Hilfe. Er schenkt seine Kraft und Zuwendung nicht, nur damit wir besser funktionieren. Vielleicht hat er uns mit dem, was uns erschöpft, gar nicht beauftragt. Womöglich passt unsere selbst gewählte Anstrengung nicht zu der Person, zu der Gott uns geschaffen hat.

Stattdessen schützt Gott auf andere Weise:

- „Ich mache dich stark und lehre dich, wie du dich wehrst gegen Menschen, die zu viel von dir fordern oder dein Gewissen manipulieren."
- „Ich zeige dir einen Platz im Leben, der zu dir passt und dich auf die richtige Weise herausfordert."
- „Ich teile meine Autorität mit dir und schenke dir einen Verantwortungsbereich, den du gestalten darfst. Du darfst ihn auf deine Weise ausfüllen. Der Maßstab dafür ist meine schöpferische Liebe, die in dir lebt und die ich Tag für Tag erneuern werde. Du darfst dabei Fehler machen und lernen."

Doch um diese Zuwendung zu erkennen, müssen manche Glaubende die Brille ihrer Lebensgeschichte ablegen und nochmal neu auf Gott schauen. Dabei wird Ihnen dieses Kapitel helfen. Doch sehen wir uns vorher noch an, wie der Stachel Selbstüberforderung Glaubenswege beeinflusst. Aus dem wunden Punkt, der hinter diesem Stachel liegt, entspringt eine Sehnsucht nach Geborgenheit.

Auf der Suche nach einem Nest

Die beste Zeit in ihrem Glauben erlebte Ruth, als die neue Pastorenfamilie ihren Dienst antrat. Die Chemie stimmte, das spürte Ruth von der ersten Begegnung an. Der Pastor und seine Frau öffneten ihr Haus und Ruth war regelmäßig Gast. Sie trank dort Kaffee, half den Kindern bei den Hausaufgaben und kochte, wenn sich am Samstag die Gäste in der Wohnküche drängten. Sie erlebte den Pastor und seine Familie als absolute Vorbilder: Menschen, die unter der Woche lebten, was sonntags im Gottesdienst gepredigt wird. Noch nie hatte Ruth erlebt, wie sich Glaube und Alltag in so wohltuender Weise durchdringen. Persönlich am Esstisch ausgesprochen, berührte Ruth ein Satz mehr, als wenn sie die gleichen Worte unter der Kanzel gehört hätte. Ruth könnte die positiven Wirkungen gar nicht alle aufzählen, die sie in dieser Zeit erlebte. Ihr Vertrauen in Gott wuchs, sie las begieriger in der Bibel, sie wurde versöhnlicher gegenüber ihren Eltern, sie gewann an Selbstsicherheit und Lebensfreude.

Doch im Herbst letzten Jahres nahm eine Kleingruppe aus der Gemeinde an einem Kongress teil, der sich mit dem Heiligen Geist befasste. Die Gruppe kehrte begeistert zurück und im Umfeld dieser Leute schienen andere auch besondere Glaubenserfahrungen zu machen: Sie hätten die „Geistestaufe" erfahren, sie würden das Reden Gottes nun ganz unmittelbar hören, häufig in Form von Bildern. Eine Frau berichtete, sie sei von ihrem Diabetes geheilt worden und ihr Arzt habe ihr dies bestätigt. Über all das hätte man sich freuen können. Doch die Begeisterten drängten darauf, dass ihre neuen Erfahrungen in den Gemeindeveranstaltungen mehr Raum fänden. Die Kompromisse, die Ruths Pastor vorschlug, gingen ihnen nicht weit genug.

Die Gemeinde polarisierte sich zunehmend. Den einen ging die neue Geistbetonung zu weit. Sie wollten bewahren, was in der Gemeinde über Jahrzehnte gewachsen war. Die anderen sahen im Pastor einen Bremser, dem Kontrolle wichtiger ist als die Führung durch den Heiligen Geist. In Gesprächen und Gemeindeversammlungen werteten sich Mitglieder gegenseitig ab und griffen einander persönlich an.

Der Pastor und seine Frau waren sichtlich mitgenommen. Nie hätten sie gesagt: „Kommt uns nicht mehr besuchen." Ruth spürte, dass sie nun ihren Rückzug brauchten und sich nicht mehr so leicht öffnen konnten. Eine dunkle Wolke zog über ihrem Glauben auf. Sie erlebte sich als freudlos, unausgeglichen und reizbar. Was sie in der Bibel las, klang plötzlich fremd und bedrohlich. „So muss sich eine Depression anfühlen", dachte Ruth. „Ist jetzt alles wieder weg, was ich persönlich und im Glauben erreicht habe?"

Ruth hat ein Nest gefunden. Sie hat Geborgenheit erlebt und jene Nestwärme und Förderung, die das Beste in ihr zum Vorschein gebracht hat. Zugleich hat sie sich von ihrem Pastor und seiner Frau abhängig gemacht. Ihre geistliche Motivation, ihre persönliche Glaubenspraxis, sogar ihre Beziehung zu Gott – in allem hat sich Ruth an zwei Menschen angelehnt, die sie scherzhaft als „zweite Eltern" bezeichnet hat. Als die Ereignisse sie aus dem Nest gestoßen haben, hat sie nicht nur eine wertvolle Gemeinschaft verloren. Ihr Glaube, der sich an Menschen angelehnt hat, hat seinen Halt verloren. Nun fühlt sich Ruth verwundbar, orientierungslos und auch von Gott allein gelassen. So hatte der Höhepunkt und der Tiefpunkt in Ruths Glauben den gleichen Ursprung: eine Sehnsucht nach Menschen, die Geborgenheit und Orientierung schenken.

Ruth hat sich an Persönlichkeiten angelehnt, die sehr reif im Glauben waren. Aber was geschieht, wenn die Sehnsucht nach Geborgenheit zu Menschen führt, die unreif sind?

Cyrils Bibelkreis wird von einem Mann mittleren Alters geleitet. Der meint es gut, aber es fehlt ihm an Einfühlungsvermögen. Manchmal stellt er Cyril vor den anderen bloß. Er spricht eindringlich, wenn er Cyril im Glauben einen Schritt weiter führen will. Cyril grübelt oft über die unangenehmen Situationen, die er mit seinem Bibelkreisleiter erlebt, und sucht Rat bei anderen, wie er mit ihm umgehen soll.

Aber warum ist der Leiter nur gegenüber Cyril so übergriffig? Die anderen im Kreis nimmt er nicht so hart ran. Der Grund dafür ist im Verhalten zu suchen, das Cyril von Anfang an gezeigt hat: Er hat zu dem Leiter geblickt, als ob er dessen Bestätigung, Rat oder Vergewisserung suche. In seinen Fragen, die er gestellt hat, hat sich eine Unsicherheit offenbart. Cyril hat sich häufig erklärt oder sogar gerechtfertigt. All das schien den Leiter einzuladen, eine Vaterrolle einzunehmen. Er hat diese allerdings auf seine Art ausgefüllt, etwas ruppig und unsensibel.

Als sich sein Leiter einmal richtig verletzend äußert, verlässt Cyril den Kreis. Schade, denn die Abende haben ihn in seinem Glauben weitergebracht und die meisten Teilnehmer fand er wirklich nett. Cyril hadert mit Gott: „Warum muss es in jeder Gemeinde Menschen geben, die zerstören, was mir etwas bedeutet?"

Nicht immer sind es die persönlichen Grenzen anderer, die einen selbstüberfordernden Glauben in die Krise führen. Manchmal sind es auch die eigenen Leistungsgrenzen.

Susanne hat ihre Gemeinde wie eine Familie erlebt, einer ist für den anderen da. Sie hat sich sehr engagiert und war manchmal erschöpft. Doch sie hat immer das Gefühl gehabt, dass sie durch das Gemeindeleben und ihre Beziehungen beschenkt wird. Ob ihre Auslastung in der Gemeinde zu ihrem Erschöpfungszustand beigetragen hat? Wer kann das sagen? Jedenfalls muss Susanne nun langsamer machen. Doch nun hat sie das Gefühl, am Rand zu stehen. Bisher war sie mittendrin und hatte den Eindruck, geschätzt zu werden, auch vom Pastor und den angesehenen Leuten in der Gemeinde. Aber wo ist das Interesse jetzt, da sie nicht mehr so gut funktioniert? Nur ihre engen Freunde haben sie in der Krankheitszeit besucht, sonst hat sich niemand blicken lassen und auch niemand nachgefragt.

Die Krankheitszeit verändert auch, wie Susanne ihren Glauben erlebt. In ihrer Aktivität hat sie sich Gott nahe gefühlt. In ihrer Zwangspause dagegen erlebt Susanne eine Leere. Wenn sie es nicht besser wüsste, würde sie sagen: Auch Gott begegnet lieber denen, die sich einsetzen und an allen Gemeindeveranstaltungen teilnehmen.

So berechtigt die Suche nach Nestwärme ist, in diesen Glaubensgeschichten wird doch eines sichtbar: Die Suche nach einem guten Platz bedarf einer zweiten, ergänzenden Suchrichtung: Wie findet der Glaube einen Platz in meinem Inneren? Wie beheimatet sich Gott so in mir, dass ich auch geborgen bin, wenn mein Umfeld einmal alles andere ist als ein warmes Nest? Sie werden sehen, dass beides einander ergänzt: Wo Sie einen guten Platz finden, da finden Sie leichter die innere Ruhe und Ordnung, die Sie brauchen, um Gott zu begegnen. Wo Sie andererseits im Glauben in sich ruhen, haben Sie ein besseres Gespür dafür, welcher Platz zu Ihnen passt und auch dafür, wo Gott Sie hinstellt.

Gott zeigt dir deinen Platz

Glaubende liegen im Trend, wenn sie sich überfordern. Heute haben Gutmenschen eine laute Stimme. Sie fordern unseren Einsatz für die Umwelt, für die Gesundheit, für unsere Kinder, für globale Gerechtigkeit und für Minderheiten. Wer sich in einen Gottesdienst setzt, hört diese Aufrufe womöglich ein zweites Mal. In Kirchengemeinden treten neben die Forderungen unserer Gesellschaft häufig Forderungen des Glaubens.

Doch Gutes lässt sich nicht durch Appelle hervorbringen. Wir brauchen geschützte Räume, in denen das Gute wachsen kann, das wir irgendwann hervorbringen sollen. Langsames Wachstum liegt in unserer menschlichen Natur: Kinder werden viele Jahre lang geschützt und gefördert, bevor sie Verantwortung übernehmen. Auch Jesus hat seinen Schülern einen Schutzraum gewährt. Drei Jahre lang hat er sie gelehrt, geleitet und ihnen nur kleine Aufgaben anvertraut. Die junge Kirche war zunächst ein Treibhaus der Liebe, der Gemeinschaft, der Heilung und der Gottesbegegnung (Apg 2,42-47). Das Gute, das die Jesus-Bewegung dann in die Welt trug, war in einer langen Reifungszeit gewachsen – umfriedet von Schutz, gedüngt mit verlässlichen Worten und guten Vorbildern, begossen mit Freude und Liebe.

Wenn die Selbstüberforderung der Stachel Ihres Glaubens ist, finden Sie hier den Ausgangspunkt einer Umkehr.

Umkehren

Jesus hat Menschen häufig konfrontiert, wo sie sich sehr angestrengt, aber ihr inneres Leben vernachlässigt haben. Beten, Spenden, Fasten – das soll, sagt Jesus, im Verborgenen geschehen, damit es nicht unter dem Blick der anderen verdorben wird, sondern das innere Leben mit Gott aufbaut (Mt 6).

> Auch Jesus hat seinen Schülern einen Schutzraum gewährt. Drei Jahre lang hat er sie gelehrt, geleitet und ihnen nur kleine Aufgaben anvertraut.

Der Jesus-Botschafter Paulus trägt dieses Anliegen von Jesus weiter. An eine junge Gemeinde schreibt er: „Wenn ich prophetische Eingebungen habe, wenn mir alle Geheimnisse enthüllt sind und ich alle Erkenntnis besitze, wenn mir der Glaube im höchsten nur denkbaren Maß gegeben ist, sodass ich Berge versetzen kann – wenn ich alle diese Gaben besitze, aber keine Liebe habe, bin ich nichts. Wenn ich meinen ganzen Besitz an die Armen verteile, wenn ich sogar bereit bin, mein Leben zu opfern und mich bei lebendigem Leib verbrennen zu lassen, aber keine Liebe habe, nützt es mir nichts" (1. Kor 13,2-3; NGÜ).

Wenn Sie also im Leben und Glauben perfekt funktionieren, wenn Sie alles erreichen, was man nur erreichen kann, und wenn Sie die Erwartungen anderer übertreffen – sobald Ihr Herz dabei auf der Strecke bleibt, dann ist nichts gewonnen.

Ein Gleichnis von Jesus befasst sich daher mit Ihrem Herzen. Es vergleicht das Herz mit einem Ackerboden, auf den die Saat des Glaubens fällt: „Hört zu!', begann er. ‚Ein Bauer ging

> Jesus hat Menschen häufig konfrontiert, wo sie sich sehr angestrengt, aber ihr inneres Leben vernachlässigt haben.

aufs Feld, um zu säen. Beim Ausstreuen der Saat fiel einiges auf den Weg. Da kamen die Vögel und pickten es auf. Einiges fiel auf felsigen Boden, der nur von einer dünnen Erdschicht bedeckt war. Weil die Saat dort so wenig Erde hatte, ging sie rasch auf. Als dann aber die Sonne höher stieg, wurden die jungen Pflanzen versengt, und weil sie keine kräftigen Wurzeln hatten, verdorrten sie. Einiges fiel ins Dornengestrüpp, und die Dornbüsche überwucherten und erstickten die Saat. Einiges jedoch fiel auf guten Boden und brachte Frucht – zum Teil hundertfach, zum Teil sechzigfach, zum Teil dreißigfach'" (Mt 13,3-8; NGÜ).

Jesus nennt drei Gründe, die die Saat des Glaubens am Wachsen hindern können:

Mangelnder Schutz. Auf dem Weg sind die Samen ungeschützt. Die Vögel kommen und picken sie auf. Sie, so erklärt Jesus später seinen Schülern, stehen für „den Bösen": Es gibt auch böse Mächte, die um das Herz des Menschen kämpfen. Sie führen den Menschen in Entmutigung, Hass oder Selbsthass, Bitterkeit oder Abhängigkeiten. Dazu müssen sie aber die Saat des Glaubens aus dem Herzen eines Menschen rauben. Wer sich ungeschützt anderen Menschen und unserer Gesellschaft aussetzt, dem wird sein Glaube schnell geraubt. Sein Herz gleicht dann den Wegen am Acker, die dem Samen nicht den weichen, schützenden Boden schenken, in den dieser sinken kann.

Mangelnde Verwurzelung. Wenn die Saat auf felsigen Boden fällt, findet sie höchstens eine dünne Erdschicht vor. Doch wenn sich der Glaube nicht verwurzeln kann, hält er der Witterung des Lebens nicht stand.

Luftmangel. Pflanzen brauchen Luft und Raum. Wenn sie von Unkraut überwuchert werden, fehlt beides. Das Unkraut steht – auch das erklärt Jesus später – für die Sorgen des Lebens und für den Wunsch nach Wohlstand. Wenn diese zu viel Raum einnehmen, kann der Glaube nicht wachsen.

Diesen drei Gefahren sind alle Glaubenden ausgesetzt. Sie gelten jedoch besonders für Glaubende, die den Stachel der Selbstüberforderung gegen sich richten: Sie setzen sich schädlichen Menschen und Situationen aus, statt sich zu schützen. Sie machen sich hart, um ihren Alltag zu meistern, und das verhindert, dass ihr Glaube tiefere Wurzeln schlagen kann. Manchmal überwuchert das ständige Müssen und Sollen ihr inneres Leben, sodass ihr Glaube fast erstickt wird.

Daher finden Sie sich vielleicht in einem der folgenden Bußgebete wieder:

- „Herr, ich bin mir gegenüber härter, als ich es von anderen verlangen würde. Ich bin härter, als du es von mir verlangst. Hilf mir, mich zu schützen und ein gutes Maß für mich zu finden."

- „Vater im Himmel, ich will mich nicht mehr vergleichen. Ich will mich nicht mehr so anstrengen, um das auch zu bekommen, was andere haben. Das tut mir nicht gut. Ich will lieber neugierig warten, was du mir gibst. Vielleicht hast du einen anderen Zeitplan. Vielleicht sind die Dinge, für die ich kämpfe, gar nicht so wichtig."

- „Herr, mir ist so wichtig, was andere von mir erwarten. Ihre Erwartungen sind fast wie Götter für mich, denen ich diene. Vergib mir. Ich möchte mich mehr an dem orientieren, was du von mir erwartest. Denn deine Erwartungen sind liebevoller. Sie lassen mir mehr Zeit und führen mich zu dem, was in meinem Leben wirklich wichtig ist."

- „Vater, ich hänge mich an Menschen, in der Hoffnung, dass sie mich weiterbringen. Aber damit überfordere ich sie manchmal und mich auch. Hilf mir, den Platz zu finden, der zu mir und zu meinen Fähigkeiten passt. Dann brauche ich auch nicht mehr so oft jemanden, der mir hilft."

- „Herr, ich treffe so viele Entscheidungen, die mein Leben mit Aufgaben und Terminen füllen. Ich kann kaum noch durchatmen. Ich finde so keine Ruhe vor dir. Hilf mir, nein zu sagen, zu verzichten und Ruhe zu finden. Dann komme ich auch bei dir an."

- „Herr, ich lasse mich von so vielen Menschen beeinflussen und viele in mein Leben reinreden. Das tut mir nicht gut. Das macht mich auch schwerhörig für das, was du in mein Leben hineinsprechen möchtest. Vergib mir. Damit ist jetzt Schluss. Ich werde nun nur noch auf wenige hören, die wirklich etwas zu sagen haben. Da hoffe ich, dass du auch durch sie zu mir sprichst."

Wenn Sie der Stachel Selbstüberforderung antreibt, bedeutet Umkehr also, dass Sie Ihr Leben vor Überforderung, Überreizung, Fremdbestimmung und unangenehmen Menschen schützen. Das schützt auch Ihr inneres Leben und damit den Ort, an dem Ihnen Gott begegnet und Gutes in Ihnen wachsen lässt. Wie dies gelingen kann, zeigen folgende Glaubensgeschichten.

Einen Zugang finden

Von Herzen helfen. An einen Sonntagmittag denkt Nina häufig zurück. Nach dem Gottesdienst hatte sie einen Druck im Kopf und eine Wut im Bauch. Nina ist beim Kirchenkaffee auf einen Mann zugegangen, der zum ersten Mal da war. Der hat sich geöffnet: Scheidung, kaum noch Kontakt zu den Kindern, schwer, plötzlich mit dem Alleinsein zurechtzukommen. Was sie gehört hat, hätte Nina gerne an „Gott abgegeben", wie es in ihrer Gemeinde so oft heißt. Aber aufs Beten, wusste Nina, kann sie sich in diesem Zustand nicht konzentrieren. Stattdessen nahm sie die Laufschuhe. Als sie im Wald wieder einen klaren Kopf bekam, formte sich in ihr doch ein Gebet: „Warum immer ich, um Himmels willen? Warum geht sonst niemand auf die Neuen zu?"

„Was willst du?", tauchte in Ninas Kopf auf, als würde ihr Gott eine Gegenfrage stellen.

Nina musste nicht lange überlegen: „Ich will auf Neue zugehen, wenn sie etwa in meinem Alter und Frauen sind. Ansonsten möchte ich eine schöne Zeit haben nach dem Gottesdienst."

„Warum machst du es nicht einfach so?", quittierte ein weiterer Gedanke Ninas Antwort. „Wenn einmal etwas anderes dran ist, melde ich mich."

Ob das wirklich Gottes Stimme war, findet Nina gar nicht entscheidend. Auf jeden Fall ist in ihr eine Entscheidung gereift: „Gott erwartet nichts von mir, was mir nicht guttut. Ihm reicht, was ich auf dem Herzen habe, und er ermutigt mich, das zu verwirklichen."

Nun wird vieles leicht, womit sich Nina zuvor gequält hat. Sie gibt dem Punk in der Fußgängerzone etwas, aber nicht den Menschen mit fehlenden Gliedmaßen, die kein Wort Deutsch sprechen und vermutlich zu einer Bande gehören. Sie nimmt To-do-Listen fröhlich in Empfang, weil sie sich nur noch da zum Helfen einträgt, wofür sie ein inneres Anliegen hat. Sie leiht anstrengenden Menschen nur noch dann ihr Ohr, wenn sie es auf dem Herzen hat.

„Ich erlebe eine unglaubliche Freiheit und Leichtigkeit", erklärt Nina ihrer Freundin. „Ich darf im Zweifel selbst entscheiden und ich habe das Gefühl, Gott freut sich darüber. Wie ich mich bei Felix freue, dass er immer selbstständiger wird."

═══════

Heilige Abgrenzung. „Ein richtiger Christ kann sich auch wehren", behauptet der Pastor von Dennis.

„Ja, aber ...", antwortet Dennis reflexhaft. „... Jesus hat sich nicht gewehrt und ist ans Kreuz gegangen."

Der Pastor zuckt lächelnd mit den Schultern und notiert Dennis einige Bibelstellen. Zu Hause liest Dennis: Jesus grenzt sich von seiner Familie und sogar von seiner Mutter ab, Jesus lässt religiöse Führer abblitzen und beschimpft sie sogar, Jesus wird im Tempel handgreiflich.

„Und?", fragt der Pastor bei der nächsten Begegnung.

„Mir geht es besser", gesteht Dennis. „Ich habe zwar noch Schuldgefühle, wenn ich jemandem sage, dass es so nicht geht. Oder wenn ich mir manche Dummheiten nicht mehr anhöre. Aber ich muss jetzt nicht mehr grübeln, wenn so eine Situation passiert ist. Ich glaube, Gott macht mich gerade stärker. Er zeigt mir, dass ich nicht alles mit mir machen lassen muss. Auf gute Weise."

━━━━

Zuerst geliebt. „Gott hat mich lieb. Er möchte, dass es mir gut geht." Melanie schämt sich beinahe, dass das die wichtigste Einsicht ihres Glaubens wurde. „Das weiß doch jeder, der glaubt", denkt Melanie. „Und doch war das eher Theorie für mich. Gehandelt habe ich nach dem Motto: *Gott mag mich nur, wenn ...* Auch Gott hat zu den vielen gehört, die mich in die Erschöpfung getrieben haben. Aber warum soll Gott nicht mindestens so liebevoll sein, wie es eine vernünftige Mutter ist? Die gönnt ihrem Kind doch auch Pausen. Sie schützt es vor unangenehmen Menschen. Sie sagt: ‚Stopp!', wenn es zu viel wird für ihr Kind."

In der Bibel entdeckt Melanie keine Anleitung zum Burnout mehr. Sie sieht die große Zärtlichkeit, mit der Jesus Menschen begegnet ist. Melanie macht auch die Gegenprobe: Hat Jesus Menschen überfordert? Melanie findet kein Beispiel dafür.

Doch Melanies Mutter, die ebenfalls glaubt, ist die neue Entwicklung unheimlich: „Wird dein Glaube dann nicht zur *Seelenwellness*? Jesus fordert uns doch auf, sein Kreuz auf uns zu nehmen und für ihn zu leiden."

Aber Melanie lässt sich nicht mehr verunsichern: „Manchmal mache ich das auch. Im Kleinen. Und tue etwas, das mir unangenehm ist. Aber jetzt tue ich es aus Liebe. Das laugt mich nicht mehr aus. Und danach darf ich mich ausruhen, Spaß haben, Zeit mit tollen Menschen verbringen."

„Hmm." Melanies Mutter zieht eine Augenbraue hoch. Aber wenigstens hat sie keine Einwände.

━━━━

Überrascht von Freude. „Wo Gott dich hinstellt, da sollst du freundlich sein und Gutes tun." So könnte man das erste Gebot formulieren, an dem sich Lea als Jugendliche orientiert hat. Zu Gemeinheiten, die sie erlebt hat, hat sie gelächelt. Die unangenehmen Aufgaben, vor denen sich andere gedrückt haben, hat sie übernommen. Im Nachhinein sieht Lea, dass sie viel Zeit mit Menschen verbracht hat, die ihr nicht gutgetan haben.

Eine Wende erlebte Lea, als sie ein Jahr im Ausland verbrachte. Sie sprach dort mit einer Seelsorgerin. Die Gespräche stellten ihre Glaubensüberzeugungen in Frage.

„Gott stellt dich nicht irgendwohin", behauptete die Seelsorgerin. „Du bist doch kein Möbelstück. Gott schafft dir einen Raum zum Leben, zur Freude und zur Entfaltung deiner Gaben. Diesen Raum musst du manchmal erkämpfen und auch verteidigen – wie das Volk Israel das verheißene Land."

Lea erlebte Monate der Freude. Sie hielt Abstand von Miesmachern und Perfektionisten. Sie achtete auch darauf, sich selbst die Freude nicht zu verderben, etwa durch ihr übertriebenes Pflichtgefühl. Die Leichtigkeit, die Lea erlebte, wurde ihr zu einem Maßstab dafür, dass Gott mit ihr ist: „Gott schenkt Freude und ich möchte auch ihm Freude machen. Wo mir die Freude verloren geht oder wo ich Menschen die Macht gebe, meine Freude zu verderben, da bin ich von meinem Weg mit Gott abgekommen. Dann sollte ich ihn neu suchen."

Vier Glaubende haben einen Platz gefunden, der zu ihrem Wesen und ihren Möglichkeiten passt. Sie sind bei jener Leichtigkeit und jener Ruhe angekommen, die Glaubende benötigen, um Gott in ihrem Körper, ihrem Denken und ihren Gefühlen zu erfahren. Sie sehen es nicht mehr als Gottes Wille an, wenn Menschen oder Anforderungen in ihren Lebensraum eindringen, sie belasten und überfordern. Sie sehen Gott mehr und mehr als jemanden, der sie schützt und der sie befähigt, sich auch selbst zu schützen.

Nach den Gipfelerfahrungen unseres Glaubens steigen wir ab und gelangen in die Niederungen unseres Alltags. Dort warten bereits Aufgaben, die uns überfordern würden, und Menschen, die uns nicht guttun würden. Daher brauchen wir Gottes Platzanweisung immer neu. Dabei hilft Ihnen der nächste Abschnitt.

Sich beheimaten

Eine einzige Begebenheit aus dem Leben Jesu könnte dem Stachel Selbstüberforderung seine Verankerung in Ihrer Persönlichkeit nehmen:

„Als sie aber weiterzogen, kam er in ein Dorf. Da war eine Frau mit Namen Marta, die nahm ihn auf. Und sie hatte eine Schwester, die hieß Maria; die setzte sich dem Herrn zu Füßen und hörte seiner Rede zu. Marta aber machte sich viel zu schaffen, ihnen zu dienen. Und sie trat hinzu und sprach: Herr, fragst du nicht danach, dass mich meine Schwester lässt allein dienen? Sage ihr doch, dass sie mir helfen soll! Der Herr aber antwortete und sprach zu ihr: Marta, Marta, du hast viel Sorge und Mühe. Eins aber ist not. Maria hat das gute Teil erwählt; das soll nicht von ihr genommen werden" (Lk 10,38-42; L17).

> Jesus kann radikal werden, wenn er Menschen aus ihren Verpflichtungen löst.

Jesus stellt sich hinter die Entscheidung Marias: „Das ist dein Platz – hier, wo du mir zuhören kannst." Man könnte auch behaupten, Maria missachte Jesus, indem sie für ihn keinen Finger rührt. Aber so sieht es Jesus nicht.

Jesus kann radikal werden, wenn er Menschen aus ihren Verpflichtungen löst. Das wird deutlich, als er seine Schüler beruft: „Zu einem anderen sagte Jesus: ‚Folge mir nach!' Er aber antwortete: ‚Herr, erlaube mir, zuerst noch nach Hause zu gehen und mich um das Begräbnis meines Vaters zu kümmern.' Jesus erwiderte: ‚Lass die Toten ihre Toten begraben. Du aber geh und verkünde die Botschaft vom Reich Gottes!' Wieder ein anderer sagte: ‚Ich will dir nachfolgen, Herr; doch erlaube mir, dass ich zuerst noch von meiner Familie Abschied nehme.' Jesus erwiderte: ‚Wer die Hand an den Pflug legt und dann zurückschaut, ist nicht brauchbar für das Reich Gottes'" (Lk 9,59-62; NGÜ).

Der Abschied von den Eltern oder sogar die Beerdigung des eigenen Vaters – das sind Pflichten, die niemand bezweifeln kann. Trotzdem kann anderes wichtiger sein, wenn der Platz eines Menschen an der Seite Jesu ist.

Vermutlich ist Ihre Berufung nicht so absolut wie die der ersten Schüler Jesu, die alles aufgegeben haben. Trotzdem wird Sie das Leben immer wieder in Situationen führen, in denen Sie wählen müssen: Tue ich, was wirklich wichtig ist, oder genüge ich zugleich anderen Verpflichtungen und bringe mich dadurch in eine Zerreißprobe?

Woran merken Sie, dass Sie Ihren Platz gefunden haben? Das beste Kriterium ist ein Lebensgefühl der Leichtigkeit. Schlagen Sie einmal die Wörter „Freude" oder „freuen" in einer Konkordanz nach (einem alphabetisch sortierten Stichwortverzeichnis biblischer Begriffe). Oder geben Sie die beiden Wörter als Suchbegriff in eine Onlinebibel ein. Sie können sich vor Einträgen kaum retten. Freude ist ein christliches Lebensgefühl, das nicht aus Verpflichtungsgefühlen gespeist ist. Es ist frei von der Angst, zu kurz zu kommen und zu wenig zu erreichen.

Aus den vielen Jesus-Worten zum Thema Freude möchte ich zwei hervorheben. Zuerst dieses: „Wie mich der Vater geliebt hat, so habe ich euch geliebt. Bleibt in meiner Liebe! Wenn ihr meine Gebote haltet, werdet ihr in meiner Liebe bleiben, so wie ich immer die Gebote meines Vaters gehalten habe und in seiner Liebe bleibe. Ich sage euch das, damit meine Freude euch erfüllt und eure Freude vollkommen ist" (Joh 15,9-12; NGÜ).

> Woran merken Sie, dass Sie Ihren Platz gefunden haben? Das beste Kriterium ist ein Lebensgefühl der Leichtigkeit.

Aus der Liebe folgt, wo Ihr Platz ist. Sie sorgt dafür, dass Sie mit Jesus verbunden bleiben und zu ungetrübter Freude durchbrechen. Auch dies ist ein übernatürlicher Vorgang, denn in Ihrem Alltag gibt es weiterhin unangenehme Menschen, die Druck ausüben, und Situationen, die Ihnen zusetzen. Doch genau in diesem Alltag kann Ihnen Gott einen Platz zeigen, an dem Sie trotz allem Leichtigkeit erleben.

Liebe, wie sie Jesus verstanden hat, bedeutet: das Wenige tun, das die Liebe gebietet, und vieles andere lassen. Aber verpassen wir dann nicht vieles, wenn wir so einfach leben? Und wenden sich dann andere nicht von uns ab? Das mag sein. Und doch will es Ihnen Gott an nichts Wichtigem fehlen lassen. Das sagt ein zweites Jesuswort: „Ich versichere euch: Wenn ihr dann den Vater in meinem Namen um etwas bittet, wird er es euch geben. Bisher habt ihr nichts in meinem Namen erbeten. Bittet, und ihr werdet empfangen; dann wird eure Freude vollkommen sein" (Joh 16,23.24; NGÜ). An dem Platz, auf den Sie Ihr Glaube stellt, dürfen Sie um alles bitten, was Sie wirklich brauchen.

Wie aber können Sie sich in dieser Glaubenswirklichkeit beheimaten? Dabei helfen Ihnen die folgenden Zugänge.

Aufmerksam sein – mit den Augen des Glaubens sehen. Ob wir die Welt so wahrnehmen, wie sie uns als Menschen vor Augen tritt, oder ob wir in ihr Gottes Wirken wahrnehmen, macht für unser Leben einen Unterschied: Die Augen des Glaubens entdecken im Chaos der Anforderungen das, worauf es gerade ankommt. Sie nehmen Gottes schützende, heilende und tragende Gegenwart wahr.

- Es mag uns schmerzen, dass andere mehr schaffen und haben, die Augen des Glaubens sehen die Einmaligkeit des eigenen Lebens, der eigenen Möglichkeiten und der eigenen Berufung.
- Die inneren Kritiker mögen übermächtig werden und die Stimmung runterziehen, der Glaube hört die Stimme des Heiligen Geistes, der nicht verurteilt, sondern ermutigt und zartfühlend die Richtung weist.

Wenn wir unsere Aufmerksamkeit schulen, nehmen wir immer deutlicher wahr, wie Gott in unserem Alltag gegenwärtig ist. Das gelingt umso besser, je mehr wir von der Wirklichkeit Gottes wissen. Dabei hilft der zweite Zugang.

Betrachten (Kontemplation). Dabei betrachten Glaubende einen Bibeltext so lange, bis sich die Wirklichkeit zeigt, auf die das Wort verweist. Sie ziehen sich zurück und schirmen sich von Ablenkungen ab. Sie konzentrieren sich betend auf ein Bibelwort, versuchen aber nicht, das Wort mit dem Verstand zu erfassen. Stattdessen setzen sie sich dem Wort vertrauensvoll aus, um sich von diesem erfassen zu lassen.

Manchmal hilft dabei unsere Fähigkeit, uns Dinge bildlich vorzustellen und uns in diese Vorstellung zu vertiefen. So könnten Sie sich vor Augen führen, wie Sie

> Liebe, wie sie Jesus verstanden hat, bedeutet: das Wenige tun, das die Liebe gebietet, und vieles andere lassen.

zu den Füßen von Jesus sitzen, Ihnen jemand vorwirft, was Sie alles versäumt haben, und Jesus Sie in Schutz nimmt. Bei solchen Bildern verweilen Glaubende dann betend. Sie lassen zu, dass sich die Bilder vor ihrem inneren Auge ein wenig verändern. So könnte sich Jesus auch an Sie wenden und Ihnen zusprechen, dass Sie bei ihm am richtigen Platz sind. Dabei offenbart der Geist Gottes tiefere Wahrheiten. Er hilft auch, dass Wahrheiten vom Kopf ins Herz finden.

Manchmal schweift die Fantasie allerdings ab. Sie zieht uns in bizarre Bilder hinein, wie es auch in unseren Träumen geschieht. Glaubende, die sich in Kontemplation üben, folgen solchen Bildern nicht. Sie ergründen auch nicht deren unbewusste, symbolische Bedeutung. Sie lenken ihre Aufmerksamkeit einfach wieder zu dem Bild zurück, wie es das Bibelwort nahelegt.

> Fast alle Menschen, die sich mit dem Stachel Selbstüberforderung schützen, schlafen zu wenig.

Kontemplation ist gleichermaßen aktiv und passiv. Aktiv ist sie, wo sie sich von anderen Reizen abschirmt und sich auf ein Bibelwort konzentriert. Passiv ist sie im Hinblick darauf, was in der Begegnung mit dem Wort geschieht und auf welche Weise Sie in die Wirklichkeit hineingezogen werden, die das Wort ausdrücken will.

Was Glaubende erkannt haben, müssen sie in ihrem Alltag manchmal behaupten. Denn dieser konfrontiert sie mit anderen Wirklichkeiten. Dabei hilft der dritte Zugang.

Bekennen (Proklamation). Ein Bekenntnis ruft die Wirklichkeit Gottes aus, auch wenn meine menschliche Wirklichkeit das Gegenteil dessen ist, was die Einladung von Jesus verspricht. Wo ich zum Beispiel so belastet bin, dass ich nicht mehr weiß, wo mir der Kopf steht, da spreche ich aus: „Jesus, ich halte deine Hand und bleibe in allem bei dir. Dann kommt auch die vollkommene Freude, von der du gesprochen hast."

In einem Bekenntnis drückt der Glaube aus, dass die unsichtbare Wirklichkeit des Glaubens stärker ist als die Realität unserer Lebensumstände. Viele Glaubende erleben genau das, wenn sie sich zu einer Wirklichkeit bekennen, für die sich Jesus verbürgt hat. Plötzlich verspüren sie eine unerklärliche Leichtigkeit mitten in schweren Tagen.

Unerwartet entdecken sie die Stärke des Glaubens, die den eigenen Weg geht und Nörgler hinter sich zurücklässt.

Aufmerksam-Sein, Betrachten und Bekennen öffnet unseren Alltag für die Wirklichkeit Gottes. Ein vierter Zugang fehlt noch: das Aufbrechen – ein Handeln im Glauben, das im Vertrauen auf Gott etwas wagt und dadurch in seine Wirklichkeit hineintritt.

(Die Anfangsbuchstaben der vier Zugänge – Aufmerksam-Sein, Betrachten, Bekennen und Aufbrechen – verbinden sich zu ABBA, einem aramäischen Kosewort für ,Vater‘, das Jesus für Gott verwendet hat. Diese Merkhilfe können Sie einsetzen, wenn Sie sich die vier Zugänge in Erinnerung rufen wollen.)

Das Aufbrechen beschreibe ich weiter unten noch ausführlicher. Zunächst finden Sie hier weitere Bibelstellen, die Ihnen helfen, das Land einzunehmen, das Gott für Sie vorgesehen hat.

- Psalm 23 – ein unvergleichliches Bild für den Lebensraum, den Gott für Glaubende hat;
- Mt 6,33-34 – eine Einladung für Jesus, sich das *Reich Gottes* zur Priorität zu machen, Gottes Wirklichkeit, die sich in der Welt Bahn bricht (Achtung: keine Einladung zum kirchlichen Aktionismus);
- Lk 4,42-43 – Jesus enttäuscht Erwartungen: Er zieht sich zurück und erfüllt die Wünsche von Menschen nicht;
- Mk 12,41-43; Mt 18,1-6 – Jesus schätzt das Kleine;
- Mt 12,1-6 – Jesus nimmt seine Schüler vor religiösen Erwartungen in Schutz;
- 1. Kor 13,1-8 – Paulus zeigt, worauf es ankommt: nichts Großartiges, sondern kleine Zeichen der Freundlichkeit, der Geduld, der Bescheidenheit, der Wahrheit.

Aufbrechen

Wo Glaubende den Wahrheiten des Glaubens mehr vertrauen als ihrer Lebenserfahrung, verwirklichen sich diese in ihrem Leben. Sie gehen dann Schritte im Vertrauen und betreten eine Wirklichkeit, in der sie Gottes Zuwendung und seine Kräfte erfahren. Zu folgenden Schritten lassen Sie sich vielleicht herausfordern:

Ein heiliges Nein. Ein Nein zu einer Aufgabe, die überlasten würde, ein Nein zu anstrengenden Menschen, die Sie gerne zur Freundin oder zum Freund hätten, ein Nein zu guten Taten, die Ihnen Gutmenschen nahelegen, vielleicht auch ein Nein zu einem eigenen Wunsch, der sich nur mit äußerster Anstrengung erfüllen ließe – ein Nein wie diese kann ein heiliges Nein sein. Es mag vorübergehend eine zwischenmenschliche Spannung oder eine Spannung in Ihrem Inneren erzeugen. Doch solche Spannungen lösen sich, wenn Sie vertrauensvoll an Ihrem Nein festhalten. Sie finden in eine innere Ruhe. Sie sehen sich selbst, andere und Ihre Aufgaben klarer. Gott findet mehr Landeplätze in Ihrem Inneren und Ihrem äußeren Leben. Plötzlich spüren Sie deutlicher, dass Gott da ist. Sie können sich leichter mit ihm verbinden und entdecken die kleinen Freuden des Alltags und die lieben Menschen, die Ihnen Gott schickt.

Ein heiliges Maß. Wer sagt, dass Sie Ihre Eltern drei Tage lang besuchen müssen? Oder dass Sie mit einer belasteten Freundin drei Stunden lang sprechen sollten? Dass Sie mit Ihren Kindern vier Ausflüge in der Woche machen müssen? Oder dass Sie Ihrem Partner die meisten Wünsche erfüllen müssen? Dass Sie im Job gewissenhafter sein müssen, als es andere sind?

Wählen Sie stattdessen im Vertrauen auf Gott Ihr Maß: „So viel kann ich geben und das kommt dann von Herzen. Mehr wäre nicht gut." Lassen Sie sich Ihre Freude und innere Ruhe wichtiger sein als die enttäuschte Reaktion eines anderen, die Ihr Maßhalten vielleicht nach sich zieht.

Heiliger Schlaf. Fast alle Menschen, die sich mit dem Stachel Selbstüberforderung schützen, schlafen zu wenig. Lassen Sie den Schlaf zu Ihrem Gebet werden: „Alles ist gut, weil ein anderer über mich wacht. Ich verpasse nichts, weil einer für mich sorgt und im Auge behält, was ich wirklich brauche." Weil sich Schlaf stark auf die innere Ordnung auswirkt, empfehlen ihn viele geistliche Begleiter ausdrücklich. Er steigert die Lebensfreude, die Liebes- und Beziehungsfähigkeit und auch die Empfänglichkeit für Gott. (Wenn ein „Wachen und Beten", wie es Jesus seinen Jüngern einmal empfiehlt, zu Ihrer Glaubenspraxis gehört, können Sie das an anderen Tagen durch ausreichend Schlaf ausgleichen.)

Heilige Ordnung. Wenn Sie Ihren Lebenskreis zu weit gezogen und sich überfordert haben, zeigt sich das vermutlich auch in überfüllten Schubladen, hohen Ablagestapeln, aufgeschobenen Aufgaben oder Brief- und E-Mail-Schulden. Vielleicht zeigt es sich auch in finanziellen Schulden. Damit ist der Platz, den Gott Ihnen zuweist, in Unordnung. Räumen Sie auf. In kleinen Schritten. Nehmen Sie Gott mit ins Aufräumen und lassen Sie sich inspirieren: „Brauche ich das noch? Gehört das noch in mein Leben? Wie ist deine Ordnung, Gott, die die Schönheit, Harmonie und Einfachheit deiner Schöpfung spiegelt?"

Wo Gottes Ordnung in Ihre Umgebung einzieht, werden Sie diese verteidigen gegen alles Übermaß, das Ihnen andere Menschen und die Gesellschaft gelegentlich aufzwingen wollen.

Beim Stachel Selbstüberforderung richtet sich die Aggression gegen sich selbst, beim Stachel des folgenden Kapitels richtet sie sich gegen andere. Doch weil das keiner gerne zugibt, geschieht dies meist unauffällig.

Wenn Glaubende bestrafen

- Kämpfen Sie manchmal für Vergeltung?
- Ziehen Sie sich gelegentlich zurück und grollen?
- Wüten Sie manchmal gegen sich selbst?
- Kennen Sie auch gegenüber Gott bittere Gefühle? Und greifen Sie auch einmal Autoritäten an?

Dann könnte Bestrafen der Stachel Ihres Glaubens sein.

Wir leben in einer Welt, in der es ungerecht zugeht. Menschen missbrauchen ihren Einfluss, um ihren Vorteil zu vergrößern. Manchmal kämpfen wir uns durch ein Dickicht von Halbwahrheiten, weil andere nicht ehrlich sind. Jede Autorität wird das Vertrauen auch einmal enttäuschen, das wir in sie gesetzt haben.

Aber wie ist das in Kirchen und Glaubensgemeinschaften? Sollten das nicht Orte sein, an denen es fair zugeht und Menschen lieber auf ihren Vorteil verzichten, um für andere da zu sein? Dieses Wunschbild sollten Sie loslassen, wenn Bestrafen der Stachel Ihres Glaubens ist: In Kirchen mag es fairer zugehen als sonst in unserer Gesellschaft. Doch es sind unfertige Menschen, die dort ihren Glauben leben. Den einen hat die Liebe Gottes tiefgreifend verändert, den anderen bislang nur oberflächlich. Außerdem kann sich Selbstbezogenheit in ein frommes Gewand kleiden. Sie ist dann schwerer zu erkennen und es ist auch schwerer, sich gegen sie zu schützen.

> Ungerechtigkeit und Verletzungen sind Teil unseres Lebens. Wer hier empfindsam ist, wird sich mit dem Stachel Bestrafen wehren.

Ungerechtigkeit und Verletzungen sind Teil unseres Lebens. Wer hier empfindsam ist, wird sich mit dem Stachel Bestrafen wehren. Der christliche Glaube holt Menschen in der Erfahrung von Ohnmacht ab. Er führt auf einen herausfordernden Weg: Unrecht vergeben, Böses mit Gutem überwinden und es Gott überlassen, dass er für Gerechtigkeit sorgt. Doch selbst Gott kann willkürlich wirken. In manchen Lebenssituationen hat man das Gefühl, Gott lasse Ungerechtigkeiten zu, statt für Gerechtigkeit zu sorgen. Was dann geschieht, zeigen die folgenden Beispiele.

Die dunkle Seite der Gerechtigkeit

Der Kampf um Vergeltung. „An dieser einen Mail soll das gelegen haben?", fragt Tina aufgebracht.

„Ich war doch dabei", beharrt Tinas Freundin. „Mehr darf ich eigentlich nicht sagen. Aber Dieter fand, du bist geistlich noch nicht reif genug, um die Jugendarbeit zu leiten. Er hat es an der Mail festgemacht."

Tina steigen Tränen in die Augen. „Das ist doch ungerecht und überheblich! Als wir noch in Stuttgart gelebt haben, habe ich über Jahre die Jugendarbeit geleitet. Das hat gut funktioniert. Das lasse ich so nicht auf mir sitzen."

„Jetzt fang bloß keinen Streit an", beschwichtigt Tinas Freundin. „Deine Mail war halt scharf. Sie klang beleidigt und hat Elke ziemlich angegriffen. Und alle standen im CC."

„Aber ich war doch im Recht. Es war doch wirklich nicht in Ordnung, was sie gemacht hat."

„Sehe ich ja auch so. Aber ist es denn klug, wenn du sie so an den Pranger stellst?"

Tina ahnt, dass sie sich durch ihren Zorn manchmal etwas verbaut. Was Gott wohl über die Sache denkt? Dass Tina von ihm die Gabe erhalten hat, zu leiten und andere im Glauben weiterzuführen, das hat sich schon vielfach bestätigt. Gott möchte vielleicht wirklich, dass sie im Glauben noch reift, bevor sie wieder eine Leitung übernimmt.

Die eigene Autorität nicht ergreifen. Nico hat lange zu einer Gemeinschaft gehört, die eher eine Sekte als eine Kirche ist. Er hat Demütigungen erlebt, Geld verloren, alte Freundschaften aufgegeben und Einstellungen übernommen, die gar nicht zu seinen Überzeugungen gepasst haben. Er spürt noch so viel Groll und Hass in sich. Mehrfach hat er nachts das protzige Gebäude aufgesucht, eine Dose Sprühlack im Rucksack. Aber Nico will sein Gewissen nicht belasten.

Allmählich heilen Nicos schlimme Erfahrungen. Lange hat er sich Szenen ausgemalt, in denen er den Sektenführer anschreit, ihm mit der Faust ins Gesicht schlägt, ihn öffentlich bloßstellt. Doch inzwischen haben sich die Szenen verändert: Nico blickt den Sektenführer fest an. Er sagt: „Ich verstehe die Bibel anders. Was du vertrittst, hat mehr mit Macht zu tun als mit dem Evangelium." In Nicos Tagträumen baut sich der Sektenführer unangenehm vor Nico auf. Er schmeichelt und droht. Aber Nico geht und lässt ihn einfach stehen. Nico würde viel dafür geben, wenn er diese Gewissensstärke schon früher gehabt hätte. Dann wäre ihm viel Leid erspart geblieben. Aber er kann sie auch jetzt brauchen. Auch wenn die Kirche, die Nico jetzt besucht, keine Sekte ist: Machtmenschen gibt es überall.

———

Groll und Rückzug. Melinas Bibelkreis ist zum Kücheneinsatz eingeteilt. Ihr Bibelkreisleiter wirbt darum, dass sich genug Helfer finden. Bis auf Edith, die immer hilft, sehen die anderen zu Boden, putzen sich die Nase oder blättern im Themenheft, mit dem es gleich weitergeht. Nur Melina blickt ihren Leiter an. Sie genießt seine Verlegenheit, die er mit einem Lächeln zu überspielen versucht. Der Bibelkreisleiter nickt Melina auffordernd zu. Melina schaut ihn an, bis sich ihr Leiter nervös im Gesicht reibt. Dann zuckt sie mit den Schultern und schüttelt leicht den Kopf.

Natürlich könnte sie helfen. Aber sie sieht es gar nicht ein. Als Melina neu im Bibelkreis war, war der Leiter sehr aufmerksam. Er ist auf sie zugegangen und hat sie mit seiner Frau zum Essen eingeladen. Doch in den letzten Monaten hat er kein Interesse mehr gezeigt. Er hat sie flüchtig gegrüßt. Er war zerstreut, als Melina ihn nach dem Gottesdienst angesprochen hat. Wenn er etwas gegen sie hat, dann soll er es ruhig sagen. Oder hat er nur einen Punkt aus seinem Leiterhandbuch abgearbeitet und sich dann selbstzufrieden zurückgezogen?

Melina merkt selbst, dass ihre Haltung nicht sehr hilfreich ist. Sie merkt auch, dass sie an den Bibelabenden blockiert ist und sich Gott nicht mehr so nahe fühlt, wie es anfangs der Fall war. Aber was soll sie machen?

―――――――――

Selbstbestrafung. Im letzten Jahr hat Dominik eine tolle Phase in seinem Glauben gehabt. Beten ist ihm leichtgefallen. Aus der Stille vor Gott haben sich gute Gedanken ergeben. Dominik hat sie umgesetzt und erlebt, wie ihm Gott Gelingen schenkt, wo es nach menschlichem Ermessen kaum möglich ist.

In diesem Jahr ist es anders. Dominik hat kaum noch Freude am Gebet. Die Zeiten, die er sich mit Gott nimmt, sind kurz und ohne spürbare Inspiration. Schwächen, die Dominik bereits überwunden glaubte, gewannen wieder Macht über sein Verhalten. Predigten langweilten ihn oder ärgerten ihn sogar. Gründe für diese Veränderung könnte Dominik nicht nennen. Es war nur, als seien Wolken zwischen ihm und Gott aufgezogen: Es erreicht ihn nur noch trübes Licht, aber keine Sonne mehr.

Dominik ist wütend auf sich selbst. Er hat das unbestimmte Gefühl, dass er etwas falsch macht, dass er nicht gut genug glaubt, dass er mit dem Herzen zu wenig bei Gott ist, dass er zu wenig liebt, dass er seine täglichen Prioritäten nicht gut genug setzt, um nur einige seiner Selbstvorwürfe zu nennen. Dominik gönnt sich nicht mehr viel, schon ein neues Kleidungsstück kommt ihm vor, als würde er es gerade nicht verdienen. Auf der Arbeit wählt er Aufgaben, die unangenehm sind, als könnte er dadurch Buße leisten für Verfehlungen, derer er sich nicht bewusst ist. Wenn ihn andere Menschen schlecht behandeln, erscheint ihm das richtig. Das ohne Gegenwehr hinzunehmen, kommt ihm wie eine geistige Reinigung vor.

Als Dominik einen Seelsorger aufsucht, nimmt er es wie eine Bußübung auf sich, die aus seinem schlechten Zustand folgt. Doch der Seelsorger findet befreiende Worte: „Dominik, im Grunde bist du auf Gott wütend. Du warst so treu und bemüht und er macht es dir so schwer, seine Nähe zu erfahren. Aber du traust dich nicht, deine Wut auf Gott zuzulassen. Deshalb richtest du sie gegen dich und bestrafst dich selbst."

Nadelstiche gegen Autoritäten. Inge hatte schon so ein Gefühl, aber jetzt ist es offiziell. Dass der Pfarrer für einige Monate ausfallen wird, liegt nicht an einer körperlichen Krankheit. Er hat ein „Burnout". Inge quält nun ein schlechtes Gewissen. Hat sie auch dazu beigetragen, dass Pfarrer Brecht das Amt zu schwer wurde?
Ihr Pfarrer hat viele Qualitäten und Inge würde ihn niemals gegen einen anderen eintauschen wollen. Doch er ist nicht sehr sensibel, in dem Sinne, dass er oft nicht voraussieht, wie seine Worte und sein Verhalten ankommen. So hat er schon viele verletzt, beschämt oder vor den Kopf gestoßen. Aus Rache hat Inge schon spitze Bemerkungen zur Predigt gemacht. Die schreckgeweiteten Augen ihres Pfarrers haben ihr das Gefühl gegeben, dass ihn ihre Spitze durchaus trifft. Er hat gequält gelächelt und sie betont freundlich verabschiedet. Damit war die Sache für Inge wieder in Ordnung. Doch hat sie damit nicht den belastet, den Gott als Hirten für ihre Gemeinde eingesetzt hat?

Der Stachel Bestrafen richtet sich manchmal direkt gegen Gott. Glaubende sind dann wütend, haben böse Gedanken über Gott, ziehen sich zurück oder verweigern sich. Manche richten den Groll gegen sich selbst, wie Dominik in dem geschilderten Beispiel. Ihr Glaube bekommt durch das Büßen einen dunklen Zug, ihr Leben durch das Sündenbewusstsein eine Schwere. Wenn es in einer kirchlichen Gemeinschaft zu Ungerechtigkeiten kommt, richtet sich die Bestrafung oft nur vordergründig gegen Menschen. Im Hintergrund schwelt die Frage, warum Gott Verletzungen und ungute Machtausübung zulässt.

> Ursprünglich gilt der Stachel Bestrafen natürlich nicht Gott. Er ist eine kindliche Reaktion auf die Erfahrung von Ohnmacht.

Ursprünglich gilt der Stachel Bestrafen natürlich nicht Gott. Er ist eine kindliche Reaktion auf die Erfahrung von Ohnmacht. Manche Kinder konnten sich nicht gegen Ungerechtigkeit und Verletzungen wehren. Sie wurden von ihren Eltern nicht gut geschützt. Dass Eltern ihre Kinder vor der eigenen Machtausübung schützen und sich gegebenenfalls korrigieren müssen, das ist vielen Eltern nicht bewusst.

Was bleibt Kindern, wenn sich ein Elternteil ungerecht, autoritär, dominant, engstirnig oder rücksichtslos verhält? Ihnen bleibt die Macht der Machtlosen: die Rache. Schon durch Ablehnung, Verweigerung oder beleidigten Rückzug können kleine Kinder ein Elternteil treffen. Später erweitern Kinder ihr Repertoire an Verhaltensweisen, die den Eltern wehtun. So stellen sie wieder Gerechtigkeit her.

> Es ist der wunde Punkt der Ohnmacht, der Glaubenswege beeinflusst. Aus ihm entspringt eine Sehnsucht nach Gerechtigkeit.

Manchmal entwickeln Familien auch einen gemeinsamen Bestrafungsstachel, der sich gegen Schicksalsschläge richtet oder gegen eine Umwelt, die sich ausgrenzend und gemein verhält. Die Eltern geben ihr Vorbild der Verweigerung und Vergeltung an ihre Kinder weiter.

Diese frühen Schutzmechanismen, die selten bewusst sind, aktivieren sich auch im Erwachsenenalter. Wenn ein Mensch zu glauben beginnt, stellt er seine Stacheln auch in der Beziehung zu Gott auf. Vom Kopf her mag ein Glaubender überzeugt sein, dass Gott gerecht ist und seine Macht nur zum Guten gebraucht. Doch sein Gefühl ist ein ganz anderes, wenn ihm Verletzungen und Ungerechtigkeit begegnen. Dann kommt es zu Gefühlen und Verhaltensweisen, wie ich sie in den Beispielen beschrieben habe.

Der Stachel Bestrafen beeinflusst auch, wie Menschen die Höhen und Tiefen ihres Glaubens erleben. Genauer gesagt ist es der wunde Punkt der Ohnmacht, der Glaubenswege beeinflusst. Aus ihm entspringt eine Sehnsucht nach Gerechtigkeit.

Auf der Suche nach Gerechtigkeit

Gemeinsam sind wir stark – in diesem Motto findet Ellen wieder, was sie in ihrer Kirche erfahren hat. Sie hat offene Türen und offene Ohren gefunden. Das hat sie enorm gestärkt. Sie hat auch anderen die Tür geöffnet und ihr Ohr geliehen. Ihre Gemeinde wurde von einem Pastor geprägt, der jedem einen Vertrauensvorschuss geschenkt hat. Er hat andere mit seinem Vertrauen angesteckt. Gegenseitige Hilfe, Offenheit, ein rasches Eingestehen von Fehlern und ein großzügiges Verzeihen haben die Kultur der Gemeinde ausgemacht.

Der Beruf von Ellens Mann hat sie jedoch in eine andere Stadt geführt. Auch in der Kirchengemeinde dort waren die Leute nett und das Gemeindeleben ansprechend. Aber Ellen hatte das Gefühl, dass sich keiner in die Karten sehen lassen wollte.

„Vielleicht liegt es an der großen Stadt", vermutete ihr Mann schulterzuckend. „Da ist alles anonymer. Das färbt auch auf die Kirche ab."

Als ihr Sohn einmal von seinem Jugendleiter bloßgestellt wurde, brachte ein klärendes Gespräch kein Ergebnis. Dieser war einfach nicht ganz ehrlich, was seinen Anteil an der unguten Situation anging. Auch ein Gemeindeältester, der vermittelnd hinzukam, schien nur einen oberflächlichen Frieden zu wollen.

Ellen war wütend und wurde zunehmend empfindlich. Immer mehr Dinge weckten ihren Zorn: das Frauenbild des Pastors, der Musikstil, der den Wünschen einer einflussreichen Minderheit entsprach, Entscheidungen, die von oben herab getroffen wurden, ohne diejenigen zu fragen, die die Entscheidung letztlich betraf.

Es war die Ungerechtigkeit, die Ellen reizte. Mehrfach verwickelte sie sich in wütende Diskussionen. Wenn ihr Mann dabei war, legte er seine Hand auf Ellens Schulter, um sie zu beruhigen.

„Du gehst zu weit, Ellen", redete ihr Ehemann ihr ins Gewissen, wenn sie wieder alleine waren. „Wenn du Menschen persönlich angreifst oder andere bloßstellst, dann setzt du auf eine Ungerechtigkeit doch nur noch eine weitere drauf."

Ellen rief Gott als Zeugen der Ungerechtigkeiten an: „Liegt dir gar nicht daran, dass die Menschen hier ehrlich werden und sich auch mal korrigieren können?", betete Ellen vorwurfsvoll. „Vielleicht hast du ja ein anderes Timing", gestand Ellen Gott zu. „Aber dann hilf mir bitte, dass mich das alles nicht so mitnimmt und mir nicht meine Lebensfreude raubt."

Wenn das Bestrafen der Stachel Ihres Glaubens ist, dann lassen Ehrlichkeit, Großzügigkeit und Korrekturbereitschaft ein Klima entstehen, in dem Ihr Glaube am besten wächst. Engstirnigkeit, mangelnde Sensibilität und Machtausübung dagegen können für Ihren Glauben zu einer Belastungsprobe werden. Die Erfahrung von Ohnmacht kann auch auf andere Weise in Glaubenskrisen führen.

Machtmissbrauch im Namen Gottes. Eigentlich ist Hendrik alles andere als naiv. Er spürt normalerweise schnell, wenn Menschen nicht ehrlich sind. Aber das Charisma seines Pastors hat Hendriks Sinne betäubt. Dieser hat eine Freikirche gegründet, die in allem radikal ist: in ihrem Bruch mit dem Lebensstil, der in unserer Gesellschaft herrscht; in der Sicht, dass Zeit, Geld und selbst der Körper jedes einzelnen Jesus gehören und in einen heiligen Dienst gestellt werden. „Gott möchte, dass du heilig bist", vertrat der Pastor. So war es nur konsequent, dass er und leitende Mitarbeiter den Gemeindemitgliedern auf den Kopf zu sagten, wo sie „Sünde" wahrnahmen. Das alles schien Hendrik zu dem zu passen, wie sich Jesus und später Petrus und Paulus Kirche gedacht haben. Diese Radikalität führte Hendrik zu ganz neuen Erfahrungen mit Gott. Wo er seinen Glauben wie ein Rinnsal erlebt hatte, schien er nun in einem Strom zu schwimmen. Im Lauf der Monate sah Hendrik hinter die Kulissen seiner Freikirche. Wie das Geld eingesetzt wurde, das Gemeindemitglieder zum Teil von ihren Sparkonten abhoben, erschien Hendrik nicht immer klug. Auch die Sündenerkenntnis und das Streben nach Heiligkeit schien eine Einbahnstraße zu sein: Während sich einfache Gemeindemitglieder bereitwillig die Splitter aus ihren Augen entfernen ließen, liefen der Pastor und seine Vertrauten mit Balken im Auge herum. Auf Korrektur, die von unten nach oben gerichtet war, reagierten sie mit Abwertung und Zurechtweisung.

Die steigende Mitgliederzahl, die Bekehrungen, der Einsatz für die Armen in der Stadt – all das reichte nicht mehr, um Hendriks Gespür für Recht und Unrecht zu betäuben. Er kochte vor Wut über die Scheinheiligkeit der Leitungsriege und deren Willkür, die sich nicht hinterfragen ließ. Hendrik stellte einen Verantwortlichen zur Rede, den er meist als offen und fair erlebt hatte. Doch der sah Hendrik nur mitfühlend an: „Waren Mose, David oder Petrus ohne Fehler? Und doch hat Gott ihnen seine Autorität verliehen. Du weißt, was mit dem Volk passiert ist, das gegen Mose gemurrt hat? Bring dich nicht unter den Fluch, den Auflehnung nach sich zieht. Ordne dich unter. Du siehst doch, wie machtvoll der Segen ist, den Gott auf unsere Gemeinde legt."

Hendrik ist Gott mehr als dankbar, dass Insa gerade dann in sein Leben getreten ist. Nicht nur, weil er heute mit ihr verheiratet ist, sondern auch, weil sie zu einer anderen Gemeinde gehörte. Zu ihr zu wechseln erlebte Hendrik so, als würden tausend Lasten von seiner Schulter fallen. Wer weiß, was mit ihm passiert wäre, wenn er geblieben wäre?

━━━━━━━━━━

Einem Menschen ausgeliefert. Verliebt sein und die Liebe zu ihrer Gemeinde fielen für Pia zusammen: Die Menschen in ihrer Gemeinde waren so nett zu Bodo, obwohl ihr Freund in manchem eigenwillig war. Bodo öffnete sich für den Glauben und wurde auch umgänglicher. Für Pia war das ein Beweis für die Macht der Liebe, die stärker ist als alles, was Menschen sonst beeinflussen kann. Pia erlebte die beste und intensivste Zeit ihres Glaubens. Weil Bodo die kirchlichen Veranstaltungen besuchte, hatte Pia den Eindruck, dass sie an einem festen Fundament für ihre Beziehung bauten.

Doch im Rückblick würde Pia sagen: Bodo hat sich nur so weit auf den Glauben eingelassen, wie es ihm genutzt hat: Sein Interesse an Jesus zerstreute Pias Zweifel, ob Bodo der Richtige ist. Bodo gewann Freunde und entwickelte seine Persönlichkeit weiter. Pia kam ein schrecklicher Gedanke: Auch ein Egoist kann sich auf ein Gemeindeleben einlassen, denn er profitiert ja davon. Sie erinnert sich, wie Bodo Menschen und Aufgaben ausgewichen ist, die ihn wirklich herausgefordert hätten.

Wodurch ihre Ehekrise ausgelöst wurde, kann Pia nicht sicher sagen, vielleicht hat sie Bodo zu viel kritisiert. Bodo war noch nie besonders einsatzbereit für sie. Aber plötzlich nahm er keinerlei Rücksicht mehr auf Pias Bedürfnisse. Er verhielt sich fordernd, empfindlich und selbstbezogen wie ein schlecht erzogenes Kind. Von der Gemeinde und dem Freundeskreis, den sie dort gewonnen hatten, zog sich Bodo zurück. Seit zwei Jahren hat Pia keinen schönen Moment mehr mit Bodo erlebt. Wenn sie sich nicht auf die Zunge beißt, kommt es täglich zu Streit. Aktivitäten mit den Kindern, zu zweit Essen gehen, Sex – all das ist bestenfalls erträglich. Eine Ehetherapie lehnt Bodo ab, weil er das Problem allein bei ihr sieht. Pia ist erschöpft und schläft schlecht. Wie gerne hätte sie sich getrennt oder Bodo zumindest ernsthaft mit einer Trennung gedroht. Aber Jesus hat doch gesagt, dass der Mensch nicht trennen soll, was Gott zusammengefügt hat. Pia hat sich ihrem Pastor anvertraut und auch zwei gläubigen Freundinnen. Die schienen sie gut zu verstehen, aber offenbar wollte keiner sein Gewissen damit belasten, Pia bei einer Trennung zu unterstützen.

„Wie feige", dachte Pia wütend. „Die waschen ihre Hände in Unschuld, aber mich lassen sie mit der täglichen Qual allein. Sie halten die Bibel hoch, können aber auch nicht sagen, was ich vom Glauben her in dieser Situation tun soll." Pia hatte so bittere Gefühle, dass sie an manchen Sonntagen keinen Gottesdienst mehr besuchen konnte. Mit Gott selbst ging es ihr genauso: Er sperrte sie in das Gefängnis ihrer Ehe ein, ließ sie aber mit der Frage allein, wie sie zurechtkommen soll. Will Gott sie durch diese Qualen bestrafen oder vielleicht reinigen wie in einem Fegefeuer? Oder muss sie sich das Glück im Himmel durch einen jahrelangen Leidensweg erarbeiten? An manchen Tagen waren ihr Herz und ihre Reaktionen so von Bitterkeit bestimmt, dass sie sich kein bisschen besser als Bodo fühlte.

In diesen Glaubensgeschichten sehen wir, wie sich Ohnmachtserfahrungen auf den Glauben auswirken können. Manchmal reagieren Glaubende stark auf die Ungerechtigkeiten, die es in jeder Gemeinde gibt. Vor allem fällt es Glaubenden mit dieser Prägung schwer, sich vor Ohnmacht zu schützen. Sie ergreifen nicht die Autorität, die Gott jedem Menschen schenkt: mit einem mündigen Gewissen ungute Formen des Glaubens abzulehnen und sich rechtzeitig aus dem Einflussbereich schädlicher Menschen zu entfernen. Wenn Sie sich in diesem Kapitel wiederfinden, kann hier eine wichtige Entdeckung liegen: Gott verleiht Ihnen Freiheit in Ihrem Urteil und in Ihren Entscheidungen.

Gott schenkt Autorität

Wie stellt sich der Glaube zu Menschen, die auf ungute Weise Macht ausüben? Wie zeigt sich Gottvertrauen, wenn sich andere rücksichtslos oder verbohrt verhalten? Die Lehre und das Vorbild von Jesus führen Glaubende in eine doppelte Freiheit: Zum einen schenkt Jesus eine Gewissensfreiheit, die den Einfluss unguter Autoritäten abschütteln kann. Außerdem ermächtigt Jesus zu einer Liebe, die verzeihen und Böses mit Gutem überwinden kann. Sie hilft uns in Situationen, in denen es nicht in unserer Macht steht, Verletzungen, Nachteile oder Schaden abzuwenden.

Auch auf Ihrem Weg zu einer Autorität des Glaubens gilt: Wenn Sie die Empfehlungen dieses Kapitels als psychologische Lebenshilfe lesen, geraten Sie rasch in eine Überforderung. Jesus weist einen Weg, der jenseits unserer menschlichen Möglichkeiten liegt. Er führt uns in die Wirklichkeit des Glaubens, in dem Gott

> Wie zeigt sich Gottvertrauen, wenn sich andere rücksichtslos oder verbohrt verhalten?

unser Gewissen und unser Herz berührt, verwandelt und neu ausrichtet. Um sich dafür zu öffnen, müssen Glaubende alte Wege verlassen.

Umkehren

Jesus lehrt eine Souveränität gegenüber dem Bösen, wie sie der Freiheit und grenzenlosen Liebe von Gott entspricht: „Ihr wisst, dass es heißt: ‚Du sollst deine Mitmenschen lieben, und du sollst deine Feinde hassen.' Ich aber sage euch: Liebt eure Feinde, und betet für die, die euch verfolgen. Damit erweist ihr euch als Söhne eures Vaters im Himmel. Denn er lässt seine Sonne über Bösen und Guten aufgehen und lässt es regnen für Gerechte und Ungerechte. Wenn ihr nur die liebt, die euch

Liebe erweisen, was für einen Lohn habt ihr dafür zu erwarten? Tun das nicht sogar Leute wie die Zolleinnehmer? Und wenn ihr nur zu euren Brüdern freundlich seid, was tut ihr damit Besonderes? Tun das nicht sogar die Heiden, die Gott nicht kennen?" (Mt 5,43-47; NGÜ).

Diese Herausforderung gibt der Jesus-Botschafter Paulus an die junge Kirche weiter. Er begründet sie auf eine Weise, die bei der inneren Bewältigung des Bösen hilft: „Vergeltet niemandem Böses mit Bösem. Seid auf Gutes bedacht gegenüber jedermann. Ist's möglich, soviel an euch liegt, so habt mit allen Menschen Frieden. Rächt euch nicht selbst, meine Lieben, sondern gebt Raum dem Zorn Gottes; denn es steht geschrieben (5. Mose 32,35): ‚Die Rache ist mein; ich will vergelten, spricht der Herr.' Vielmehr, ‚wenn deinen Feind hungert, so gib ihm zu essen; dürstet ihn, so gib ihm zu trinken. Wenn du das tust, so wirst du feurige Kohlen auf sein Haupt sammeln' (Sprüche 25,21-22). Lass dich nicht vom Bösen überwinden, sondern überwinde das Böse mit Gutem" (Röm 12,17-21; L17).

> Jesus lehrt eine Souveränität gegenüber dem Bösen, wie sie der Freiheit und grenzenlosen Liebe von Gott entspricht.

Wer in der Feindesliebe einen moralischen Appell hört, versteht die befreiende Botschaft noch nicht, die in ihr liegt. Jesus führt Glaubende aus Ohnmacht und Groll heraus. Er beendet Fantasien und Handlungen der Vergeltung, die einerseits immer tiefer an den bösen Menschen binden und Glaubende andererseits selbst zum Bösen verleiten. Jesus hilft uns, auch angesichts des Bösen im Einflussbereich des Guten zu bleiben und Gutes zu tun. Damit werden wir einen Menschen, der uns geschadet hat, vielleicht gewinnen und verändern. Doch auch wenn das nicht geschieht, triumphiert das Gute schon dadurch, dass es sich nicht in die Tiefen der Gemeinheit und Selbstsucht ziehen lässt.

Das Böse kommt außerdem nicht ungestraft davon, beruhigt Paulus. Gottes Macht holt den ein, der Gutes mit Füßen tritt. Wo wir am Guten festhalten, wird die Bosheit des Bösen nur umso deutlicher sichtbar. Es lastet auf dem Gewissen des bösen Menschen. Doch wenn einer sein Gewissen abtötet, wird er dem gerechten Zorn Gottes nicht entgehen.

Beachten Sie die Beispiele, die Paulus für praktizierte Feindesliebe gibt: zu essen und zu trinken geben. Liebe hat hier nicht die Bedeutung einer tiefen emotionalen Verbindung, die wir ihr in unserer modernen Welt geben. Selbst Feindesliebe wahrt den inneren Abstand, den wir benötigen, wo wir dem Bösen gegenüberstehen. Für jemanden beten, ihm Gutes wünschen, ihm etwas Gutes tun – all das zieht uns nicht in eine emotionale Bindung zu einem Menschen, der unter dem Einfluss des Bösen steht.

Was im Extremfall für unseren Feind gilt, das gilt allemal in unserem Alltag, wenn uns Menschen einmal verletzen oder benachteiligen. Auch hier führt Jesus in die Freiheit einer Liebe, die verzeihen und Böses mit Gutem überwinden kann. Doch die Freiheit zu verzeihen darf sich von anderen nicht missbrauchen lassen. Sie muss von einer Autorität getragen sein, die sich auch trennen kann, wo andere ihre Macht missbrauchen. Diese Autorität zeigt sich am deutlichsten, wo Jesus religiösen Autoritäten die Stirn bietet:

„Dann wandte sich Jesus an die Volksmenge und an seine Jünger und sagte: ‚Das Lehramt des Mose haben heute die Schriftgelehrten und die Pharisäer inne. Richtet euch daher nach allem, was sie euch sagen, und befolgt es. Doch richtet euch nicht nach dem, was sie tun; denn sie reden zwar, handeln aber nicht danach. Sie binden schwere Lasten zusammen, die man kaum tragen kann, und laden sie den Menschen auf die Schultern; doch sie selbst denken nicht daran, diese Lasten auch nur anzurühren. (...) Wehe euch, ihr Schriftgelehrten und Pharisäer, ihr Heuchler! Ihr reist über Land und Meer, um auch nur einen einzigen Anhänger zu gewinnen, und wenn ihr einen gewonnen habt, macht ihr ihn zu einem Anwärter auf die Hölle, der doppelt so schlimm ist wie ihr'" (Mt 23,1-4.15-16; NGÜ).

> Wer in der Feindesliebe einen moralischen Appell hört, versteht die befreiende Botschaft noch nicht, die in ihr liegt.

Jesus führt seine Anhänger nicht in die Auflehnung. Er lässt gelten, dass die geistlichen Führer das Wort Gottes bewahren und lehren. Doch Jesus macht das Gewissen seiner Anhänger frei. Sie dürfen sich über ungute Machtausübung hinwegsetzen, selbst wenn diese von angesehenen Autoritäten ausgeht.

Im Spiegel dessen, was Jesus zu Macht und Ohnmacht lehrt, können

> Wo wir am Guten festhalten, wird die Bosheit des Bösen nur umso deutlicher sichtbar.

wir beides als Unglauben erkennen: Groll und Rache, weil sie hinter der souveränen Liebe Gottes zurückbleiben, aber auch eine Autoritätshörigkeit, die das eigene Gewissen missbrauchen lässt. Wenn der Stachel Bestrafen zu Ihren Schutzmechanismen gehört, finden Sie sich vielleicht in einem der folgenden Bußgebete wieder.

- „Herr, mein Groll tut mir nicht gut. Aber ich habe ihm selbst die Tür geöffnet, statt zu verzeihen und es dir zu überlassen, dass du für Gerechtigkeit sorgst. Verzeih mir! Und nimm dem Groll in mir die Macht."

- „Ich habe es Lisa heimgezahlt in meinem Zorn und sie auch verletzt. Das will ich nicht. Gott, steck mich an mit deiner großzügigen, versöhnungsbereiten Liebe. Bring mich so auch wieder in Einklang mit dir."

- „Lieber Herr, ich habe mich selbst in die Opferrolle gebracht: Erst wehre ich mich nicht und dann zahle ich dem anderen heim, dass er mich nicht gut behandelt hat. Ich dachte, du verlangst es von mir, dass ich lieb bin und mich nicht wehre. Vergib mir, wo ich dich so sehe, wie ich meinen Vater erlebt habe. Du möchtest mich zu einer starken Persönlichkeit machen, die sich auch wehren kann."

- „Jesus, ich habe meinen Pfarrer eine höhere Autorität sein lassen als dich. Ich habe ihm Macht über mein Gewissen gegeben, obwohl ich wusste, dass du es ganz anders vorgelebt hast, als es mein Pfarrer an diesem Punkt sieht. Statt selbst zu entscheiden, habe ich einen schlechten Rat befolgt und bin dann giftig und rebellisch geworden. Hilf mir, dass niemand als du über mein Gewissen bestimmen darf."

- „Herr, ich habe gegen mich selbst gewütet. Ich war enttäuscht von mir, vom Leben und irgendwo bestimmt auch von dir. Mach mein Vertrauen zu dir so stark, dass ich dir auch meine Enttäuschung und Wut zeigen kann. Und ich will dir auch dann vertrauen, wenn sich alles gegen mich verschworen hat."

Ein Sinneswandel, wie er sich in diesen Bußgebeten ausdrückt, macht Sie frei für neue Erfahrungen.

Einen Zugang finden

Raum für Wut bei Gott. „Gott hat keine Angst vor meinen Gefühlen" – vom Kopf her war das Fabian natürlich klar. Aber instinktiv hatte er erwartet, dass Gott irgendwann sauer oder ablehnend reagiert, wenn Fabian böse Gedanken gegen andere hat oder sogar gegen Gott. Er wusste zwar, dass in den Psalmen ziemlich böse Gebete stehen. Aber an einem Abend hat es ihn persönlich getroffen. Da entdeckte er: Gott hält es aus, wenn Menschen von ihm Rache fordern (zum Beispiel in Psalm 3 oder Psalm 35).

„Wenn ich später mal Kinder habe", dachte Fabian, „dann sollen sie doch auch mit ihrer Wut zu mir kommen dürfen. Auch wenn sie sauer auf mich sind. Gibt es deshalb sogar Gebete in der Bibel, in denen Menschen von Gott enttäuscht und auf ihn wütend sind? ,Warum hast du mich verlassen?' (Psalm 22) oder ,Wie lange willst du mich vergessen?' (Psalm 13)?"

An jenem Abend warf Fabian Gott alles vor, was ihn in letzter Zeit wütend, enttäuscht oder bitter gemacht hat. Seine Spannung machte bald Tränen Platz. Irgendwann war Fabian erschöpft. Als er inne hielt, um wieder einen klaren Kopf zu bekommen, spürte er ein intensives Gefühl von Liebe und Frieden. Es fühlte sich an, als würde Gott ihn im Arm halten. Alles war gut. Bis heute stärkt es Fabian enorm, wenn er seine Gefühle unzensiert zum Himmel schickt und danach die liebevolle Stärke spürt, mit der sich Gott ihm zuwendet.

―――――

Autorität über die eigenen Gefühle. Carla war schon als Kind ein Hitzkopf. Wenn es um Gerechtigkeit ging, legte sie sich mit Lehrern und

Jungs an, auch mit Mädchen, die in der Clique das Sagen hatten. Als sie Anfang 30 war, hat eine Seelsorgerin einen Durchbruch in Carlas Glauben gebahnt: „Du fühlst dich sicher stark, wenn du jedem die Stirn bieten kannst. Aber bist du dabei frei oder beherrschen dich deine Gefühle? Stark ist auch, wer Autorität über seine Gefühle hat. Ich meine keine tyrannische Autorität, die Gefühle unterdrückt, sondern eine Autorität, die Gefühle in eine gute Richtung lenkt."

„Du hast recht", hat Carla geantwortet. „Meine Gefühle reißen mich mit und manche Auseinandersetzungen habe ich schon bereut, weil ich jemanden verletzt habe. Aber wie macht man das, Autorität über die eigenen Gefühle zu haben?"

„Frag Gott, wie er dir dabei helfen will", hat die Seelsorgerin zurückgegeben.

In den nächsten Monaten sammelt Carla immer mehr Bibelworte, die ihr helfen, wenn sie sich über Ungerechtigkeit empört.

„Was ist los mit dir?", frotzelt eine Freundin. „Du bist so besonnen. Früher wärst du da doch abgegangen wie eine Rakete."

„Vielleicht ist das schon die Altersmilde", lächelt Carla. Doch insgeheim war sie Gott sehr dankbar für die Freiheit, die sie gewonnen hatte. Ihr geht es gut mit ihrer inneren Großzügigkeit und ihrer Freiheit, zu entscheiden, welchen Kampf sie kämpfen will.

Gewissensmündigkeit gegenüber Autoritäten. Pfarrer Huber setzte einen seelsorgerlichen Blick auf: „Benedikt, vielleicht ist es gut, wenn du auf deine Mutter zugehst und dich versöhnst."

Alles in Benedikt sträubte sich. „Ich bin noch nicht so weit", dachte er. „Ich werde maßlos wütend, wenn sie nur ein falsches Wort sagt. Außerdem hat sie immer noch das Gefühl, es ist alles in Ordnung zwischen uns. Aber lehne ich mich nicht gegen Gott auf, wenn ich den Rat meines Pfarrers in den Wind schlage? Benutzt ihn Gott nicht als Sprachrohr, um mir zu sagen, was für mich dran ist? Vielleicht sehe ich die Situation mit meiner Mutter ja ganz falsch."

Benedikt sprach seine Fragen im nächsten Beichtgespräch aus.

„Nein", beruhigte Pfarrer Huber. „Gott spricht in erster Linie zu deinem Gewissen und deinem Herzen. Er mag meine Worte oder die eines anderen vielleicht einmal dazu gebrauchen. Aber wo dein Herz noch nicht einwilligt, da warte und lege deine Frage immer mal wieder Gott selbst vor. Wer bin ich, dass ich Gottes Willen und seinen Zeitplan für dich kenne?"

Benedikt ging erleichtert aus dem Gespräch. Gleichzeitig erschrak er über sich selbst: Was wäre passiert, wenn er einen selbstherrlichen Pfarrer gehabt hätte, der sich tatsächlich als Sprachrohr Gottes gesehen hätte? Benedikt wäre ihm wohl hörig gewesen.

━━━━━━━━━━

Vergebung erfahren. 5000 Euro wird Biancas Fehler die Firma kosten. Sie hat die Frist einfach vergessen. Sonst gibt es keine Entschuldigung. Aber Biancas junger Chef zuckte nur mit den Schultern und grinste, als sie ihm den Fehler beichtete: „Shit happens."

Bianca dachte noch lange über diese Begegnung nach. Den Grund für die Großzügigkeit ihres Chefs konnte sie nicht recht enträtseln. Sie beobachtete in den nächsten Tagen aber eine Veränderung bei sich: Sie wurde selbst großzügiger, wenn andere Fehler machten. Bianca spürte ein warmes Gefühl, das in einer Einsicht fassbar wurde: „Ist das, Jesus, nicht genau das, was du meinst: ‚Wem viel vergeben ist, der liebt viel'. Oder: ‚Vergib uns unsere Schuld, wie auch wir vergeben unseren Schuldigern?'" Bianca überwand den Groll, der sich bei ihr oft eingestellt hatte.

Ob Glaubende zu ihrer Wut stehen dürfen, Macht über ihre Gefühle gewinnen, über Gewissensfragen selbst urteilen oder einen großzügigen Umgang mit Fehlern lernen, immer führt sie Gott aus einer Ohnmacht in die Freiheit. Er richtet sie auf, wo sie sich selbst klein machen oder klein machen lassen. An dieser Wirklichkeit können sich Glaubende in ihrem Alltag immer festmachen.

Sich beheimaten

Was den Umgang mit Ungerechtigkeit angeht, führt Jesus seine Schüler in eine doppelte Freiheit. Er gibt ihnen die Autorität, sich über eine ungute Machtausübung hinwegzusetzen. Außerdem lehrt er sie, wie sie Unrecht loslassen und hinter sich lassen.

Jesus musste gegenüber der römischen Besatzungsmacht Position beziehen. Die jüdische Elite forderte ihn an diesem Punkt heraus, weil sie in der Besatzung ein Unrecht sah und von Gott eine ähnliche Befreiung erwartete wie vor langer Zeit aus der ägyptischen Gefangenschaft.

„Ist es richtig, dass wir dem Kaiser Steuern zahlen?" Mit dieser Frage wollen die jüdischen Führer entweder den Unglauben Jesu bloßstellen (bei einem Ja) oder seine Ohnmacht demonstrieren (bei einem Nein), denn die Römer schlugen Aufstände mit unbarmherziger Härte nieder.

> Glaubende haben die Macht, das zu verwirklichen, was wirklich zählt. Wo Glaubende Unrecht beseitigen können, sind sie natürlich dazu aufgerufen.

Jesus differenziert: Er zeigt eine Silbermünze, die das Haupt des Kaisers abbildet: „Gebt dem Kaiser, was dem Kaiser gehört, und gebt Gott, was Gott gehört" (Lk 20,25; NGÜ). Das Unrecht, das die Römer schaffen, sagt Jesus damit, schränkt die Möglichkeit, Gott zu dienen, nicht ein. Glaubende haben die Macht, das zu verwirklichen, was wirklich zählt. Wo Glaubende Unrecht beseitigen können, sind sie natürlich auch dazu aufgerufen. Doch das stand für die Juden zur Zeit Jesu nicht zur Wahl. Jesus lenkt dann den Blick vom Unrecht weg zu den Handlungsmöglichkeiten, die Gott schenkt.

Besonders wenn Sie sich mit dem Stachel Bestrafen schützen, kann Sie das Unrecht in seinen Bann ziehen. Lösen Sie Ihren Blick und gehen Sie Ihren Weg mit Gott vertrauensvoll weiter. Dann erleben Sie Ihre Freiheit im Glauben und den Einfluss, den Gott Ihnen schenkt, trotz mancher Ungerechtigkeit, die Sie hinter sich lassen.

Manchmal hält uns dabei die Macht zurück, die andere über unser Gewissen ausüben. Auch von dieser Macht hat Jesus Glaubende befreit.

Zur Zeit Jesu waren Glaubende mit der religiösen Machtausübung konfrontiert, die von den jüdischen Priestern und Gelehrten ausging. Immer wieder durchbrach Jesus engherzige religiöse Vorschriften und führte seine Schüler in eine Gewissensfreiheit, die sich von der Liebe leiten ließ. Das zeigen die folgenden Zitate von Jesus.

- „Der Sabbat (der jüdische Sonntag) ist für den Menschen gemacht, nicht der Mensch für den Sabbat" (Mk 2,27; NGÜ).
- „Können etwa bei einer Hochzeit die Gäste trauern, solange der Bräutigam bei ihnen ist?" (Mt 9,15; NGÜ) – als Antwort auf die Frage, warum sich die Schüler Jesu nicht an den üblichen Fastenübungen beteiligen.
- „Was jedoch aus dem Mund herauskommt, kommt aus dem Herzen, und diese Dinge sind es, die den Menschen unrein machen. Denn aus dem Herzen kommen böse Gedanken, Mord, Ehebruch, Unzucht, Diebstahl, falsche Aussagen, Verleumdungen. Das ist es, was den Menschen in Gottes Augen unrein macht; aber mit ungewaschenen Händen essen macht ihn nicht unrein" (Mt 15,18-20; NGÜ).

Jesus hilft seinen Anhängern, sich von falschen Gewissenszwängen frei zu machen. Fromme Äußerlichkeiten lenken mehr von Gott ab, als dass sie in eine tiefere Gemeinschaft mit ihm führen. Auch die Kirche, die sich auf Jesus beruft, wird ihre Macht über das Gewissen nicht immer positiv gebrauchen. Glaubende müssen zu manchen Zeiten die Gewissensfreiheit ergreifen, die ihnen Jesus schenkt.

Folgende Vertiefungen erschließen Ihnen einen Jesus-gemäßen Umgang mit Ohnmacht.

Aufmerksam sein – mit den Augen des Glaubens sehen. Ob wir die Welt so wahrnehmen, wie sie uns als Menschen vor Augen tritt, oder ob wir in ihr Gottes Wirken wahrnehmen, macht für unser Leben einen Unterschied: Die Augen des Glaubens entdecken Gottes große Macht hinter der kleinen Macht, die Menschen ausüben. Sie nehmen wahr, wie Gott gut macht, was wir an Verletzungen, Schaden und Nachteilen erleiden. Glaubende lenken ihre Aufmerksamkeit immer neu auf die Gerechtigkeit Gottes, die auf Strafe verzichtet, wo immer es möglich ist, und trotzdem am Ende siegt.

- Ein rücksichtsloser Mensch mag sich durchsetzen, doch das Auge des Glaubens sieht, wie Gott unsere Würde schützt und mit seinem Plan für uns an sein Ziel kommt.
- Wir mögen uns ohnmächtig und wütend fühlen, der Glaube

nimmt am Grund unseres Herzens den Frieden wahr, mit dem der Geist Gottes unser Inneres umfasst.

- Ein Besserwisser mag unser Gewissen bedrängen. Doch der Glaube sieht Christus an unserer Seite, der uns Gewissensfreiheit zuspricht.

Wenn wir unsere Aufmerksamkeit schulen, sehen wir immer deutlicher, wie uns Gott in unserem Alltag stärkt. Das gelingt umso besser, je mehr wir von der Wirklichkeit Gottes wissen. Dabei hilft der zweite Zugang.

Betrachten (Kontemplation). Dabei betrachten Glaubende einen Bibeltext so lange, bis sich die Wirklichkeit zeigt, auf die das Wort verweist. Sie ziehen sich zurück und schirmen sich von Ablenkungen ab. Sie konzentrieren sich betend auf ein Bibelwort, versuchen aber nicht, das Wort mit dem Verstand zu erfassen. Stattdessen setzen sie sich dem Wort vertrauensvoll aus, um sich von diesem erfassen zu lassen.

Manchmal hilft dabei unsere Fähigkeit, uns Dinge bildlich vorzustellen und uns in diese Vorstellung zu vertiefen. So könnten Sie sich vor Augen führen, wie Sie einem Menschen nachgeben, sich dann aber abwenden und Gott geben, was Gott zusteht. Glaubende lassen dabei zu, dass sich die Bilder vor ihrem inneren Auge ein wenig verändern. So könnte ein rücksichtslos fordernder Mensch im Hintergrund ganz klein werden und Gott, dem Sie sich zuwenden, hell und warm das ganze Bild ausfüllen. Dabei offenbart der Geist Gottes tiefere Wahrheiten. Er hilft auch, dass Wahrheiten vom Kopf ins Herz finden.

> Jesus hilft seinen Anhängern, sich von falschen Gewissenszwängen frei zu machen.

Manchmal schweift die Fantasie allerdings ab. Sie zieht uns in bizarre Bilder hinein, wie es auch in unseren Träumen geschieht. Glaubende, die sich in der Kontemplation üben, folgen solchen Bildern nicht. Sie ergründen auch nicht deren unbewusste, symbolische Bedeutung. Sie lenken ihre Aufmerksamkeit einfach wieder zu dem Bild zurück, wie es das Bibelwort nahelegt.

Kontemplation ist gleichermaßen aktiv und passiv. Aktiv ist sie, wo sie sich von anderen Reizen abschirmt und sich auf ein Bibelwort konzentriert. Passiv ist sie im Hinblick darauf, was in der Begegnung mit dem Wort geschieht und auf welche Weise sie in die Wirklichkeit hineingezogen wird, die das Wort ausdrücken will.

Was Glaubende erkannt haben, müssen sie in ihrem Alltag manchmal behaupten. Denn dieser konfrontiert sie mit anderen Wirklichkeiten. Dabei hilft der dritte Zugang.

Bekennen (Proklamation). Ein Bekenntnis ruft die Wirklichkeit Gottes aus, auch wenn meine menschliche Wirklichkeit das Gegenteil dessen ist, was die Einladung von Jesus verspricht. Wo mir jemand ein schlechtes Gewissen macht, wie ich meinen Sonntag verbringe, da spreche ich aus: „Der Sonntag ist für den Menschen da und nicht der Mensch für den Sonntag." Wo ich mich angesichts einer Ungerechtigkeit gedemütigt fühle, bekenne ich: „Ich bin Tochter/Sohn meines Vaters im Himmel, der gut zu Gerechten und Ungerechten ist."

In einem Bekenntnis drückt sich der Glaube aus, dass die unsichtbare Wirklichkeit des Glaubens stärker ist als die Realität unserer Lebensumstände. Viele Glaubende erleben genau das, wenn sie sich zu einer Wirklichkeit bekennen, für die sich Jesus verbürgt hat. Plötzlich spüren sie eine Würde, gehen ihren Weg aufrecht weiter und lassen Ungerechtigkeit hinter sich. Unerwartet entdecken sie eine Wendung in ihrem Leben, die doch für Gerechtigkeit sorgt.

In manchen Traditionen glaubt man, dass ein Bekenntnis mehr bewirkt, wenn es vor anderen Menschen ausgesprochen wird. Warum sollten Glaubende nicht auch zu dem stehen, wovon sie überzeugt sind? In manchen Situationen würde ein Bekenntnis aber aufdringlich oder befremdend wirken. Wer dann fürchtet, dass sein Festhalten an Gott nichts gilt, wenn er es nicht kundtut, der setzt sich selbst unter Druck. Wo geistliche Hilfen zur Methode werden, von der man nicht abweichen darf, ist man dem magischen Denken näher als einem lebendigen Gottvertrauen.

Aufmerksam-Sein, Betrachten und Bekennen öffnet unseren Alltag für die Wirklichkeit Gottes. Ein vierter Zugang fehlt noch: das Aufbrechen – ein Handeln im Glauben, das im Vertrauen auf Gott etwas wagt und dadurch in seine Wirklichkeit hineintritt.

(Die Anfangsbuchstaben der vier Zugänge – Aufmerksam-Sein, Betrachten, Bekennen und Aufbrechen – verbinden sich zu ABBA, einem aramäischen Kosewort für ‚Vater', das Jesus für Gott verwendet hat.

Diese Merkhilfe können Sie einsetzen, wenn Sie sich die vier Zugänge in Erinnerung rufen wollen.)

Das Aufbrechen beschreibe ich weiter unten noch ausführlicher. Zunächst finden Sie hier weitere Bibelstellen, die Ohnmacht überwinden helfen. Vielleicht entdecken Sie beim Bibellesen noch andere, die Ihnen erschließen, wie Gott Sie angesichts von Ungerechtigkeit frei macht.

- Mt 5,5-12 – Jesus zeigt den Gewinn, der in einem guten Umgang mit Unrecht liegt;
- Mt 23,1-36 – Jesus macht vor, wie man sich von religiösen Autoritäten abgrenzt, die sich unehrlich und anmaßend verhalten;
- Mt 18,21-35 – Jesus zeigt das Maß und den Grund für unser Vergeben;
- Joh 19,10-11 – Jesus fühlt sich auch angesichts des Todes nicht ohnmächtig, weil er Gottes Macht hinter allem sieht;
- Ps 54; Ps 59 – Beter, die von Bösen verfolgt werden, finden Schutz in der Macht Gottes;
- Ps 58, Ps 69, Ps 83, Ps 109 – Rachepsalmen, die um die gerechte Strafe für böse Menschen flehen (wer nicht spüren kann, dass Bosheit böse ist und Strafe verdient, kann nicht vergeben, sondern nur verdrängen).

Aufbrechen

Sie werden mitunter von bitteren Gefühlen überwältigt? Üben Sie im Glauben Einfluss auf Ihre Gefühle aus. Schaffen Sie Ventile, damit Sie bestimmen, in welche Richtung Ihre Gefühle entweichen. Vielleicht schreiben Sie einen Schuldschein oder einen Wutbrief, auf dem Sie festhalten, wo Sie jemand verletzt hat oder Ihnen einen Schaden zugefügt hat. Dann zerreißen Sie den Schein oder den Brief. Vertrauen Sie, dass Gott Ihnen durch die Ohnmacht hindurch einen inneren Frieden gibt. Klagen Sie Gott die Ungerechtigkeit, kurz und intensiv, dann aber übergeben Sie die Sache der Gerechtigkeit Gottes.

Haben Sie einer Person etwas zu vergeben, der Sie noch regelmäßig begegnen? Die befreiende Wirkung der Vergebung wird oft dann spürbar, wenn Sie diese mit einem Glaubensschritt bekräftigen. Tun Sie der Person, die

Sie unfair behandelt hat, etwas Gutes. Erweisen Sie ihr eine unverdiente Freundlichkeit. Treten Sie damit in die übernatürliche Freiheit ein, die Gott Ihnen eröffnet. Zwar muss man gegenüber Menschen, die uneinsichtig sind, oft einen Sicherheitsabstand einhalten. Trotzdem wird sich vielleicht eine Gelegenheit ergeben, in der Sie ein Zeichen echter Freundlichkeit setzen können.

Hat jemand Macht über Ihr Gewissen gewonnen? Dann treten Sie glaubend in den Raum der Gewissensfreiheit. Gewinnen Sie Ihr eigenes Urteil in der Zwiesprache mit Gott, im Gespräch mit reifen Glaubenden, in der Zwiesprache mit Bibeltexten, die Ihr Herz berühren, und vielleicht auch, indem Sie sich an guten kirchlichen Traditionen orientieren. Vertrauen Sie Ihrer Gewissensentscheidung, auch wenn Sie nicht die Zeit hatten, diese bis ins Letzte abzuwägen. Gott liebt auch das irrende Gewissen, wo ein Glaubender aufrichtig nach dem Richtigen fragt. Und nun überschreiten Sie mit Freude ein Gebot oder Verbot, das ein selbst ernannter Gewissenswächter aufgerichtet hat. Befehlen Sie Gott das Gefühl eines schlechten Gewissens an, das dabei vielleicht auftreten mag.

> Manchmal ist es gut, auf eine Ungerechtigkeit gar nicht zu reagieren und das Unrecht hinter sich zu lassen.

Sie würden sich am liebsten wütend oder beleidigt zurückziehen? Beginnen Sie im Glauben noch mal neu. Vertrauen Sie der Stärke, die Gott jedem schenkt, der seinen Weg aufrichtig geht. Bleiben Sie im Gespräch oder gehen Sie einen Schritt auf den anderen zu. Vertreten Sie Ihre Position mit einfachen Worten. Geben Sie dem anderen die Chance, sich zu korrigieren und auch einen Schritt auf Sie zuzugehen. Oft werden Sie dann einen versöhnlichen Moment erleben oder sogar einen Neubeginn feiern. Doch auch falls ein anderer an seinem unfairen Verhalten festhält, genießen Sie die Würde und Autorität, die in einer klaren Position liegt, die Sie eingenommen haben und die sich nicht ins Böse ziehen lässt.

Stehen Sie in der Gefahr, zu stark auf eine Ungerechtigkeit zu reagieren? Manchmal ist es gut, gar nicht zu reagieren und das Unrecht hinter sich zu lassen: Setzen Sie sich stattdessen im Glauben selbst Ziele, die Liebe,

Freude und Gutes in Ihr Leben bringen und in das Leben anderer. Gehen Sie konzentriert auf diese Ziele zu. Vertrauen Sie, dass Gottes Kraft mit Ihnen ist. Andere mögen Sie einmal zu einem Umweg zwingen. Doch Ihr Blick bleibt auf Ihr Ziel gerichtet und nicht auf einen anderen, der sich unfair, verletzend, schäbig oder selbstherrlich verhält.

Nachwort

Wie es Ihnen am Ende dieses Buches wohl geht? Ich bin jedenfalls sehr neugierig. Denn Glaubenswege lassen sich noch weniger planen als die Entwicklungen in einer Psychotherapie. Gott ist größer, vielfältiger und überraschender als unsere ohnehin schon bunte menschliche Wirklichkeit. Vielleicht kommen wir ja einmal bei einem Seminar oder Vortrag ins Gespräch. Ich freue mich auch über eine Rückmeldung per Mail (kontakt@psychotherapie-berger.de).

Auf Ihren weiteren Weg möchte ich Ihnen noch eine Warnung mitgeben. Vielleicht haben Sie in Ihrem Leben auch schon einmal erfahren: Erkenntnisse können einem auch Probleme machen, manchmal lebt es sich leichter, wenn man bestimmte Dinge nicht weiß und erkennt. So könnte es Ihnen auch mit der einen oder anderen Einsicht dieses Buches gehen. Wenn Sie einer Kirchengemeinde angehören, werden Sie unreife Formen des Glaubens nun schneller durchschauen. Einerseits mag Sie das befreien, weil Sie sich nicht mehr so leicht unter Druck setzen oder verunsichern lassen. Andererseits könnte es für Sie schwerer werden, manche Glaubensäußerungen zu ertragen. Lassen Sie sich dann ein wenig Zeit. Wo Sie Zorn, Empörung, innere Auflehnung oder Entlarvungswünsche verspüren, wird Sie Ihr weiterer Weg mit Gott zu einer Großzügigkeit führen. Gehen Sie in aller Freiheit Ihren Weg mit Gott weiter und halten Sie sich an die Menschen in Ihrer Kirche, die Ihnen guttun und die Sie inspirieren. Von unreifen Glaubenden hält man besser etwas Abstand, man kann sie aus einer angemessenen Entfernung besser lieben.

Sie werden vermutlich auch erfahren, dass nicht jeder die Einsichten hören will, die Sie in diesem Buch gewonnen haben. Schon immer haben Glaubende Druck bekommen, wenn sie unangenehme Wahrheiten geäußert haben. Das ging bereits Jesus so. Konzentrieren Sie sich daher lieber auf Ihren eigenen Weg mit Gott, als zu verschlossenen Ohren zu sprechen. Dann werden unerhörte Wahrheiten durch Ihr Leben sprechen. Wenn Sie einmal eine Verpflichtung spüren, eine unangenehme Wahrheit auszusprechen, dann machen Sie sich bereit, danach etwas Abstand zu gewinnen.

Wie geht es nun für Sie weiter? Wenn Sie beim Lesen das eine oder andere Aha-Erlebnis hatten, verlieren Sie diese Einsicht vermutlich nie wieder. Was man einmal verstanden hat, prägt sich ein. Es verändert die Wahrnehmung, das Verhalten und schließlich auch die Persönlichkeit. Aber wahrscheinlich werden Sie auch spüren: Ich muss mich auf den Weg machen, wenn ich meine Einsichten in meiner Beziehung zu Gott und in meiner Lebensgestaltung verwirklichen und zu den übernatürlichen Erfahrungen finden will, die Jesus Glaubenden vor Augen malt. Deshalb gebe ich Ihnen noch einige Empfehlungen, wie Sie sich auf den Weg machen können.

In jedem Kapitel habe ich Ihnen vier Hilfsmittel zur persönlichen Vertiefung beschrieben: Aufmerksam-Sein, Betrachten, Bekennen und Aufbrechen. Wenn Sie eine oder zwei dieser Hilfen in Ihren Glaubensalltag aufnehmen, werden Sie immer stärker von den Glaubenswirklichkeiten erfasst, um die sich das jeweilige Kapitel dreht. Wie bei jeder guten Gewohnheit, machen Sie sich es leichter, wenn Sie diese zu einer festen Zeit verankern: nach dem Aufstehen, beim Frühstück, in der Mittagspause, vor dem Schlafengehen oder auch zu einer bestimmten Zeit am Samstag oder Sonntag. Wenn Sie schon gute Glaubensgewohnheiten haben, wie eine regelmäßige „Stille Zeit", eine Gebetspartnerschaft oder einen regelmäßigen Gang in eine Kapelle, dann können Sie die Hilfen dieses Buches auch dorthin mitnehmen.

Vielleicht gewinnen Sie ja auch eine andere Person für die Lektüre dieses Buches. Der Austausch und das gemeinsame Ausprobieren werden Sie vermutlich weiterbringen, als es jeder für sich alleine geschafft hätte.

Vielleicht gibt es bereits Menschen, die Sie im Glauben führen und inspirieren: eine Pfarrerin, ein Pastor, ein Bibelkreisleiter oder eine Seelsorgerin. Vielleicht teilen Sie ein paar Seiten dieses Buches und konzentrieren sich dann gemeinsam auf die Themen, die Sie im Glauben besonders voranbringen könnten.

Die Inhalte dieses Buches eignen sich auch für Bibelgesprächskreise, Kleingruppen und Hauskreise. Wenn Sie solche Gesprächsabende durchführen wollen, sende ich Ihnen gerne kostenlos Material zu, mit dem sich Themenabende ohne großen Aufwand gestalten lassen. Mailen Sie mich auch dazu einfach an.

Besonders wenn Sie bereits Erfahrung in geistlicher Leitung oder Seelsorge haben, wollen Sie die Themen dieses Buches vielleicht in Form eines Vortrags oder eines Seminars an andere weitergeben. Solche Veranstaltungen haben schon einige durchgeführt, auch zu anderen Themen der Stachel-Reihe, und dabei gute Erfahrungen gemacht. Wenn Sie eine solche Veranstaltung planen, sende ich Ihnen gerne eine Vortragspräsentation zu. Auch das ist kostenlos und nur mit der Bitte verbunden, dass Sie dieses Buch als Quelle nennen.

Ich wünsche Ihnen alles Gute und Gottes Segen auf Ihrem Glaubensweg! Je nachdem, was das Thema Ihres Glaubens ist, wünsche ich Ihnen,

- dass Sie die Vollkommenheit dessen spüren, was Gott Ihnen gibt,
- dass Sie sich als zutiefst liebenswert erfahren,
- dass Gott Sie zu den Quellen des Glaubens führt,
- dass Gott Ihnen die wahren Gefahren im Leben zeigt und Sie mutig macht,
- dass Gott Sie mit einem versöhnten Herzen zu kämpfen lehrt,
- dass Gott Ihnen Ihren Platz im Leben zeigt und
- dass Gott Sie zu einer neuen Leichtigkeit befreit oder Sie Ihre persönliche Autorität ergreifen lässt.

Gemeinsam mit Ihnen auf dem Weg,

Ihr
Jörg Berger

Anhang

Abkürzungen für Bibelübersetzungen

L17 – Lutherübersetzung von 2017
NGÜ – Neue Genfer Übersetzung
NL – Neues Leben Bibel
EÜ – Einheitsübersetzung

Abkürzungen für Bücher der Bibel

Mo – Buch Mose
Jes – Buch Jesaja
Jer – Buch Jeremia

Mk – Evangelium nach Markus
Mt – Evangelium nach Matthäus
Lk – Evangelium nach Lukas
Joh – Evangelium nach Johannes
Apg – Apostelgeschichte
Röm – Brief an die Römer
Kor – Brief an die Korinther
Gal – Brief an die Galater
Eph – Brief an die Epheser

Weitere Bücher von Jörg Berger

Stachlige Persönlichkeiten
Wie Sie schwierige Menschen entwaffnen
ISBN 978-3-86827-474-5
176 Seiten, Paperback

Leben und leben lassen.

Sie meinen es nicht böse. Trotzdem verwickeln schwierige Menschen andere in Beziehungen, die Kraft rauben, überfordern oder sogar gefährlich werden können. Kann man sich wirkungsvoll davor schützen? Und geht das, ohne sich selbst unfair zu verhalten?
Es geht, weiß der Psychotherapeut Jörg Berger und stellt bewährte Strategien für den Umgang mit schwierigen Menschen vor. Psychologisches Hintergrundwissen, Tricks, Tipps und viele Fallbeispiele machen das Buch zu einer aufschlussreichen und praxisnahen Lektüre.

Mit Illustrationen von Thees Carstens.

In gekürzter Fassung auch
als Hörbuch erhältlich:
Stachlige Persönlichkeiten
ISBN 978-3-86827-529-2

Leseprobe

Schwierige Verhaltensweisen lassen sich am einfachsten beschreiben, wenn man von unterschiedlichen Typen schwieriger Menschen ausgeht. Hier die gekürzte Fassung des Kapitels »Blender« aus Jörg Bergers Bestseller »Stachlige Persönlichkeiten«:

Blender

Blendern würden wir nur allzu gerne glauben, dass wir bei ihnen in den besten Händen sind, dass sie ihr Metier beherrschen, dass ihre Absichten gut sind. Gäbe es da nicht Beobachtungen, die uns an den schönen Worten zweifeln lassen. Gäbe es nicht seltsame Zufälle, die verhindern, dass Blender ihre Versprechen einlösen. Auf diese Weise täuschen und enttäuschen sie. Dennoch ist es oft nicht möglich, sie zu entlarven. Die folgenden Beispiele führen Sie in eine Welt der Täuschung ein.

Markus hat mit seinem Bruder Oskar telefoniert und nach dem Gespräch steigt Wut in ihm auf. Oskar sei in der Probezeit gekündigt worden. Überqualifiziert sei er gewesen und das habe den Neid der Kollegen ausgelöst. Jetzt habe er die Liebe seines Lebens gefunden und habe zu einer Verlobungsfeier eingeladen. Von welchem Geld eigentlich? Oskar hat Markus doch neulich angepumpt. Sicher helfen die Eltern jetzt mal wieder aus. Markus malt sich aus, wie Oskar vor den Eltern sitzt, in souveräner Pose, mit gewinnenden Gesten und einem treuen Blick, der nicht lügen kann. Vermutlich überzeugt Oskar die Eltern, dass seine Liebe einen besonderen Rahmen braucht. Markus kocht innerlich. Seine Eltern kämen nicht auf die Idee, ihm Geld zu schenken.

In den ersten Tagen wirkt der neue Teamleiter wie der Hauptgewinn in einer Lotterie. Er geht auf alle Kollegen zu, scherzt, hat ein offenes Ohr – man fühlt sich einfach gut in seiner Nähe. Und das, obwohl er ein ungewöhnliches Maß an Erfahrung mitbringt. Mit den führenden Unternehmen habe er schon zusammengearbeitet, über jeden Trend scheint er informiert und vielen Fachleuten sei er schon persönlich begegnet. Allerdings wirkt es in Besprechungen, als könnte der Neue grundlegende Dinge nicht nachvollziehen. Seine Ideen und Analysen klingen zwar gut, passen aber nicht zu den Problemstellungen. Nach einer Besprechung ist Sigrid verwirrt und fühlt sich von ihrem Teamleiter allein gelassen, was den Fortgang ihres Projektes angeht. Sie vereinbart ein Treffen und legt ihm nochmal ihre Fragen vor. Doch der Neue wird ungehalten und betont, dass er in seinem Team Eigenverantwortung stärken will. Sigrid fragt sich, ob sie ihn vielleicht von wichtigeren Dingen abhält und tatsächlich unnötige Fragen stellt.

Gelegentlich liest man in der Zeitung Geschichten wie diese: Ein Mann, der nie Medizin studiert hat, fälscht Zeugnisse und lässt sich als Arzt anstellen. Jahre später fliegt die Täuschung auf. Reporter befragen Patienten und die ärztlichen Kollegen, ob ihnen vorher nicht irgendetwas aufgefallen sei. Die meisten antworten: „So was hätten wir nicht für möglich gehalten. Er war beliebt und hat allem Anschein nach seine Arbeit gut erledigt." Nur einzelne Kollegen erinnern sich an Situationen, in denen ihnen Einschätzungen und Entscheidungen des Selfmade-Arztes komisch vorkamen. Solche Geschichten sind zum Glück nicht alltäglich. Sie veranschaulichen aber das Lebensgefühl von Blendern. Einerseits genießen sie das Bild, das sie nach außen darstellen. Sie zehren von ihrer Beliebtheit und von Anerkennung, die sie bei anderen finden. Doch treibt sie die Furcht davor, entlarvt zu werden. Diese verrät ihr Verhalten: Blender lassen ihre Fehler und Schwächen verschwinden wie ein Zauberkünstler Kugeln und Tücher. Kritik perlt an ihnen ab und auf

Wünsche gehen sie nur dann ein, wenn sie bei deren Erfüllung ihre Stärken ausspielen können.

Blender sind oft begabt. Aber ihr Hang zur Selbstdarstellung macht sie unbelehrbar. Deshalb lassen sie sich nicht helfen, fragen nicht nach, bitten nicht um Rat oder Hilfe. Wo andere im Laufe ihres Lebens ihre Fähigkeiten erweitern und Wissenslücken schließen, entstehen bei Blendern Defizite. Deren Entlarvung fürchten sie zu Recht. Manchen Blendern fehlt zum Beispiel die Fähigkeit, die eigenen Gefühle und die anderer zu erkennen und mit ihnen angemessen umzugehen. Andere können weder planvoll vorgehen noch die vielen kleinen Mühen auf sich nehmen, die jedem Erfolg vorausgehen. Viele Blender haben die Konzepte ihres Berufes nur oberflächlich verstanden oder setzen sie anfängerhaft in die Praxis um. Oft haben Blender aber ihre Spezialgebiete, in denen sie eine besondere Begabung besitzen und in denen ihnen Fähigkeiten zufallen. Auf diese Weise sind Blender auf wenigen Gebieten Riesen, während sie auf anderen Zwerge bleiben. Ihr soziales Überleben hängt dann davon ab, dass sie sich nur auf Gebieten zeigen, in denen ihre Größe sichtbar wird. Blender wehren daher alle Anliegen ab, die sie auf unsicheres Gelände führen. Sie erklären solche Anliegen für unwichtig, ignorieren sie oder veranlassen, dass sich andere darum kümmern. Vorgesetzte verwandeln ihr Team daher oft in eine Monokultur, in der es nur noch um ihre Spezialgebiete geht. Wenn der Erfolg aber auf Fähigkeiten beruht, die Blender nicht besitzen, gerät ein Team unter Druck.

Am besten wären Blender in Berufen aufgehoben, in denen wenige spezielle Fähigkeiten benötigt werden. Aber Blender suchen eine Bühne, auf der sie Anerkennung finden. Das zieht sie in soziale Berufe, in Beratung, Verkauf und oft auch in Führungspositionen. Verhängnisvollerweise kommt es dort aber auf fachliche, organisatorische und kommunikative Fähigkeiten gleichermaßen an. Daran scheitern Blender. Manchmal werden ihre Misserfolge offensichtlich; dann besteht ihr Leben darin, sie zu entschuldigen und andere von künftigen Erfolgen zu überzeugen. Oft gelingt es Blendern, ihre Misserfolge zu verschleiern. Sie lasten diese den Umständen oder anderen an.

In privaten Beziehungen suchen Blender ein Publikum, das sie bestätigt. Sie stellen berufliche Leistung in den Vordergrund und spielen mit Statussymbolen. Sie berichten von Eroberungen in der Liebe, Kontakten zu wichtigen Persönlichkeiten und von hochtrabenden Plänen. Ob man ihre fesselnde Selbstdarstellung unterhaltsam findet oder unangenehm, ist Typsache. Aber spätestens wenn Zuhörer die Unstimmigkeiten bemerken, die in der Selbstdarstellung von Blendern auftauchen, stellt sich ein befremdliches Gefühl ein. Manchmal geraten Betroffene unter den Zwang, darüber nachzudenken, was an den Geschichten nicht stimmt, und entwickeln eine Lust, die Unstimmigkeiten zu entlarven. Sie erzählen anderen die unglaublichen Geschichten. Man zweifelt, widerlegt und empört sich, und bleibt so doch im Bann des Blenders.

Blender entzaubern

Wenn ein Blender in Ihr Leben tritt, stehen Sie vor zwei Aufgaben: Zum einen sollten Sie sich der Selbstdarstellung des Blenders entziehen, damit seine unglaublichen Geschichten Sie nicht gefangen nehmen und Sie womöglich Zeit, Geld oder Aufmerksamkeit in Luftschlösser investieren. Zum andern sind Sie früher oder später mit dem Unvermögen konfrontiert, das Blender so gut kaschieren. Von diesen Defiziten können Sie sich unabhängig machen und Blender zu echter Leistung motivieren. Das geht leichter, wenn Sie eine gute Chemie mit ihnen zusammenbrauen. Welche Zutaten es dafür bei Blendern braucht, das ahnen Sie sicher: Aufmerksamkeit, Staunen, Lob, Anerkennung und das Hinwegsehen über Defizite. Auf einigen Gebieten sind Blender meist begabt und können ihre Fähigkeiten zum Nutzen anderer ausspielen. Wenn Sie sich in solchen Momenten für einen Blender begeistern können und Ihre Anerkennung ausdrücken, erzeugen Sie eine positive Chemie. Das erleichtert die folgenden Maßnahmen.

Seifenblasen vorüberziehen lassen

Blender blasen einen Tropfen Wahrheit zu einer bunten Seifenblase auf. Manche Menschen sind von dem schillernden Gebilde fasziniert. Dann hat ein Blender sein Ziel erreicht. Andere würden die Blase am liebsten zum Platzen bringen. Doch jede geplatzte Blase spornt Blender nur an, zwei neue zu formen. Stattdessen kann man eine unglaubliche Geschichte einfach unkommentiert vorüberziehen lassen und der Selbstdarstellung so die Aufmerksamkeit entziehen. Dabei muss man manchmal gegen Höflichkeitsregeln verstoßen. Denn die schreiben uns Interesse und bestätigende Verhaltensweisen wie Nicken vor. Aber wie schon erwähnt, sitzt man im Umgang mit schwierigen Menschen in einer Falle, wenn man sich von den Höflichkeitsregeln binden lässt.

Ein Themenwechsel genügt oft schon und eine Seifenblase zieht unbeachtet vorüber. Dieser gelingt nach einer kurzen Unterbrechung besonders gut, indem man zum Beispiel ein Fenster öffnet oder schließt, ein Getränk holt oder den Tisch abräumt. In manchen Situationen kann man einen Themenwechsel aber auch ganz offen einleiten, zum Beispiel mit einer Formulierung wie dieser: „Ich freue mich über die gute Erfahrung, die du gemacht hast, aber ich würde gerne noch über etwas anderes sprechen."

Oft suchen Blender nur ein Publikum. Manchmal werben sie mit ihren Geschichten aber auch um Geld oder Mithilfe, um ihre ehrgeizigen Vorhaben voranzubringen. Wie geht man mit solchen Anfragen um? Fachleute wie der amerikanische Psychologe Albert Bernstein raten, die Projekte von Blendern genau zu prüfen. Man könne genaue Informationen einholen oder jemanden fragen, der sich auf einem bestimmten Gebiet sehr gut auskennt.

Mein Rat geht einen Schritt weiter: Investieren Sie in die Vorhaben von Blendern weder Zeit noch Geld. „Wo dein Schatz ist, da ist dein Herz", heißt es schon in der Bibel. Wo Sie sich engagieren, gehen Sie eine emotionale Bindung ein, die Ihre Gefühle in die Abhängigkeit eines schwierigen Menschen bringt. Natürlich kann das Projekt eines Blenders auch einmal gelingen und damit interessante Chancen eröffnen. Nur ist das Risiko eines Scheiterns höher als bei einem vertrauenswürdigen Menschen. Wenn ein vertrauenswürdiger Mensch einmal scheitert, kann man außerdem leichter damit umgehen als mit dem Gefühl, einem Blender auf den Leim gegangen zu sein. Wer sich praktisch oder finanziell für ein besonderes Projekt engagieren möchte, wird immer auch vertrauenswürdige Menschen finden, bei denen das möglich ist. [...]

Die Leistung von Blendern verbessern

Blender lernen am besten inkognito. Wo sie beiläufig lernen und ihre Schwächen nicht offenbaren müssen, entwickeln sie sich durchaus weiter. Das ist zum Beispiel auf Fortbildungen möglich. Blender sitzen dann da und nicken wissend, als wäre ihnen längst bekannt, was ein Referent vorträgt. Dennoch sind sie aufmerksam und schließen ihre Wissenslücken. Laden Sie Blender aber besser nicht auf Fortbildungen ein, in denen es um Grundsätzliches geht. Die Vorstellung, etwas zu lernen, das man nicht sofort in Szene setzen kann, langweilt Blender. Kochbuchartiges Anwendungswissen hat die besten Chancen, ihr Interesse zu wecken.

Darüber hinaus können Sie Blendern ein Modell sein, das diese nachahmen können. Machen Sie Ihr Vorgehen transparent. Denken Sie laut. In der Praxis kann das so aussehen:

Blenderin Birgit fehlen die sozialen Kompetenzen, um mit ihren jugendlichen Töchtern angemessen umzugehen. Ihre Freundin Gudrun kann es kaum mitansehen, wenn sie zu Besuch ist. Gudrun hat Birgit schon auf ungünstiges Verhalten hingewiesen und ihr Verbesserungsvorschläge unterbreitet. Das hätte sie lieber bleiben lassen. Die nächsten Begegnungen waren von Birgits Selbstdarstellung geprägt. Sie schwärmte davon, wie toll es in ihrer Familie läuft. Sie streute Binsenweisheiten zur Erziehung ein.

Zufällig hat Gudrun entdeckt, wie es besser läuft. Einmal hat sie nämlich beiläufig erwähnt, wie sie mit ihrer Tochter umgeht: „Bevor ich Alisa kritisiere, sage ich ihr erstmal ein paar positive Dinge." Kurz darauf beobachtete Gudrun, wie sich Birgit diese Strategie aneignete.

[...] Manchmal schlägt Blendern die Stunde der Wahrheit. Denn jede Leistung lässt sich messen. Heute werden zum Beispiel an vielen Universitäten die Leistungen der Professoren von ihren Studenten beurteilt. Die Qualität ihrer Lehrveranstaltungen wird veröffentlicht. Das ist das Ende von Blendern. Sie geraten unter Druck, sich anzustrengen und die Qualität ihrer Leistungen zu verbessern. In anderen Bereichen kann man die Kundenzufriedenheit messen oder untersuchen, welche Abteilung in welchem Ausmaß zum Erfolg eines Unternehmens beiträgt. Wer eine Leistungsmessung einführt, zwingt Blender, sich Kompetenzen anzueignen, und wird mittelfristig besser mit ihnen auskommen. [...]

Meine Stacheln
Wie Sie Ihre Schwächen entschärfen
ISBN 978-3-86827-530-8
206 Seiten, Paperback

Unter Stress fahren wir unsere Stacheln aus. Wir verletzen die Gefühle anderer. Wir machen anderen Angst oder enttäuschen sie. Selbst den Menschen, die wir mögen, machen wir manchmal das Leben schwer. Jörg Berger zeigt bewährte Wege, auf denen Sie Ihre Stacheln erkennen, entschärfen und allmählich entbehrlich machen.

Mit Illustrationen von Thees Carstens.

In gekürzter Fassung auch
als Hörbuch erhältlich:
Meine Stacheln
ISBN 978-3-86827-576-6

Stacheln in der Partnerschaft
Wie Sie Ihre Liebe vor Verletzungen schützen
ISBN 978-3-86827-612-1
186 Seiten, Paperback

Warum werden wir manchmal von unserem Liebespartner verletzt? Und warum verletzen und enttäuschen wir selbst den Menschen, den wir am tiefsten lieben? Auch in der Partnerschaft fahren wir unsere Stacheln aus, mit denen wir uns in Stresssituationen schützen. Lernen Sie, wie Sie unnötige Verletzungen verhindern. Lösen Sie Blockaden auf, machen Sie Ihre Liebe noch sicherer und lebendiger. Entdecken Sie das spirituelle Thema Ihrer Liebesbeziehung.

Mit Illustrationen von Thees Carstens.

In gekürzter Fassung auch
als Hörbuch erhältlich:
Stacheln in der Partnerschaft
ISBN 978-3-86827-637-4

Wenn es stachlig wird. Das Arbeitsbuch
Wie Sie schwierige Menschen entwaffnen
und die eigenen Schwächen entschärfen
ISBN 978-3-86827-577-3
154 Seiten, Paperback

Mit den Bestsellern »Stachlige Persönlichkeiten« und »Meine Stacheln« sind die Leser schon in die abgründige Welt der Stacheln eingetaucht. Nun legt Jörg Berger ein Arbeitsbuch zum Thema vor, mit u.a. folgenden Inhalten:

- Steckbriefe »Schwierige Persönlichkeit«
- Fragebögen zur Selbsterfahrung
- Arbeitsblätter: Umgang mit schwierigen Persönlichkeiten
- Steckbriefe »Meine Schwächen«
- Arbeitsblätter: »Eigene Schwächen überwinden«
- 8 Einheiten für thematische Gesprächskreise »Mit schwierigen Menschen umgehen«
- 8 Einheiten für Bibelgesprächskreise »Wie geht Jesus mit schwierigen Menschen um?«
- 9 Einheiten »Von den eigenen Schwächen zu einer persönlichen Entwicklung«

Weiterführende Kapitel informieren, wie die Materialien für das Selbststudium, den Austausch zu zweit, Gesprächs- oder Bibelgruppen und für die Anwendung in Seminaren genutzt werden können.

Eine Einladung sowohl zum ersten Entdecken als auch zum Vertiefen.